失敗
しようが
ない！

ヘタ筋トレ

ボディワーカー
森 拓郎

イラスト
も〜さん

ゆるふわボディが一層たわわになってきたな…
う〜ん…
よし!!
いっちょここらで筋トレでもしますか!!
下腹部を凹ませるために腹筋して
減らしたい!!
増やしたい!!
バストアップしたいから腕立て伏せ

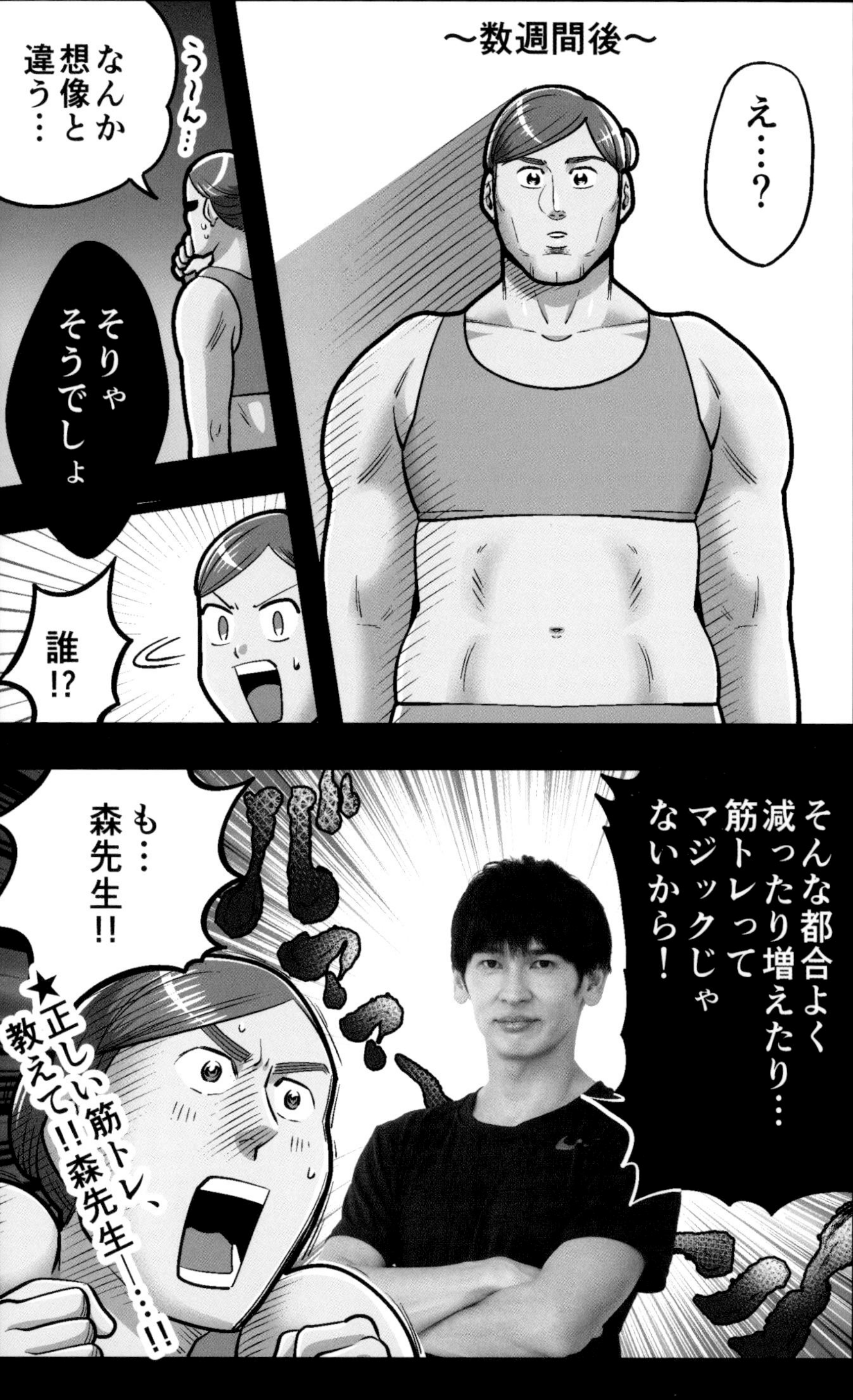
～数週間後～
え…？
う～ん…
なんか想像と違う…
そりゃそうでしょ
誰!?
そんな都合よく減ったり増えたり…筋トレってマジックじゃないから！
も…森先生!!
★正しい筋トレ、教えて!!森先生ー…!!

~得意なところばかり鍛えてどんどん強そうになる~

(※) 30日間スクワットにチャレンジすると理想の下半身が得られるとSNSで話題になったダイエットメニュー

これを続けたら…
スレンダーでセクシーな下半身に…!?
3日やったら1日休み
ごろ〜ん
5回ずつ増やして
1カ月!!
1カ月後——…
248…
ハア…
249…
ハア…
250!!
よオオしッッ

これで私も…
スッ…
スレンダーセクシーに…
え…？

…
ギチィ…
何の試合に出るんや
★遠ざかるスレンダー…!!

「運動神経ゼロでも70点が取れる」

それが

ヘタ筋トレだ!!

はじめに

筋トレが一般的に浸透してきて、特に女性が筋トレをすることへの抵抗がかなり減ってきたように思います。しかし、フィットネスジムに通ったり、自宅でトレーニングをする宅トレ女子も増えている一方で、筋トレを頑張ってもなんだか結果に結びついていないという人も少なくありません。

筋トレで負荷を与えることや、フォームの大切さは皆さん理解されています。ただ、「頭ではわかっているつもりだけど、うまくできている気がしない」というのが多くの人の本音。それでも続けた結果、「脚が太くなり、肩や腕がたくましくなってしまった……」という人が、私のジムにたくさんいらっしゃるのです。

今回の「ヘタ筋トレ」では、「筋トレをしてみたいけど、キツいのは嫌」という初心者から、「筋トレをしているけど、思った部分に効いていない」という中級者まで、悩める誰もが動きの基礎を習得できるエクササイズを用意しました。女性のスタイルをよくする筋トレ部位を「お尻」「背中」「下腹」に絞り、追い込むことを目的とせず、あくまで正しい動きを習得することだけに注力したのが特徴です。

本書をきっかけに多くの筋トレ女子が、理想のカラダに近づけることを心より期待しています。

Contents

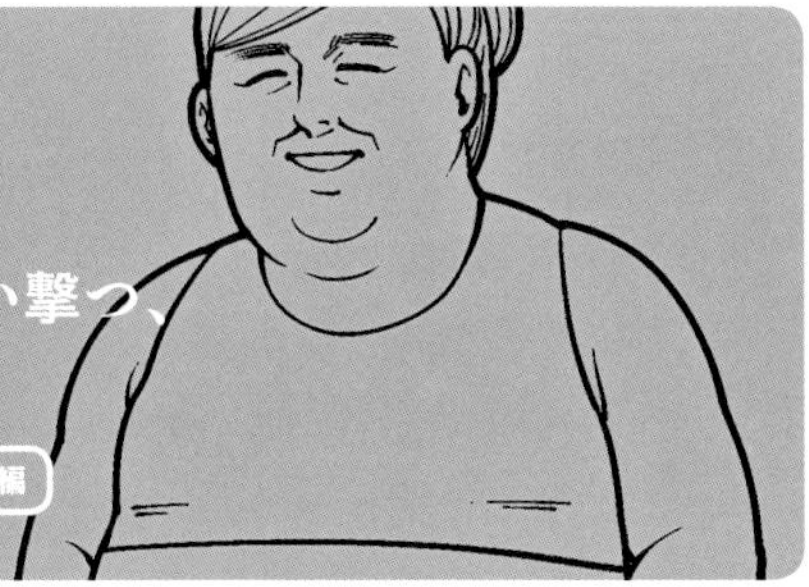

Part.2
はじめてみよう！ 3大ヤセ筋を狙い撃つ、ヘタ筋トレ

ねちっと解説、お尻・お腹・背中編

Part.1

失敗のしようがない「ヘタ筋トレ」を体感せよ

できない第1位・ワイドスクワット編

宅トレ女子の9割は間違っている！

最近は本当にトレーニングが流行っています。「#宅トレ女子」で検索すると、投稿件数はすごいことに。お腹が割れた、太ももに隙間ができたなどのキーワードを見て、「私にもできるかも！」と見よう見まねでやってみたくなる人も多いでしょう。しかしながら、宅トレ成功者が表面化している一方で、宅トレに励んでいるのに、効果が得られない「ムダ宅トレ」の人のほうが何倍もいるのです。

自宅での筋トレが悪いわけではありません。正しいやり方を知らなかったり、自分の筋力のレベルに合っていなかったり……とただそれだけのことです。

宅トレ女子の多くは、必ずしもマッチョなカラダに憧れているわけではなく、筋肉をつけることで、代謝が上がってヤセやすくなるのでは……と考えたり、お尻がグッと上がり、ウエストがくびれて全体的にスラッと引き締まった美しいボディラインになることを期待しています。

ところが不思議なことに、宅トレ女子はお腹の脂肪を減らしたくて腹筋をし、バストアップをしたくて腕立て伏せをする。「減らす」と「増やす」という真逆の目的を、筋トレで達成しようとするのです。ですがこれは矛盾していますよね。つまり宅トレや筋トレなどをしている女子は、けっこう誤解していることがあるのです。

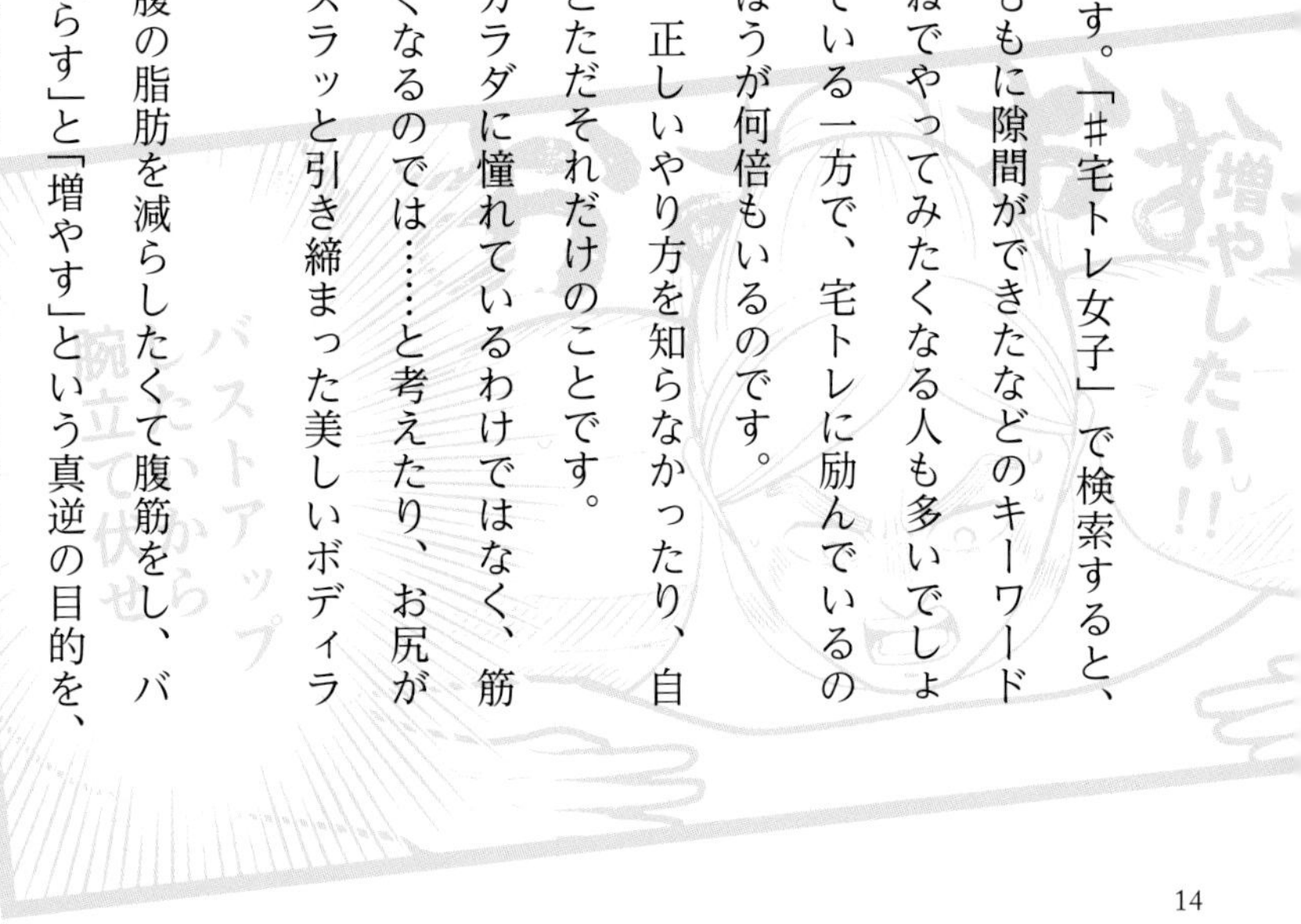

誤解しがちなのは、筋トレをするとその部分が都合よく理想の形になっていく、キツければキツいほど効果的であるという2点です。

たしかに筋トレをするとその部分は引き締まってリフトアップしますが、脂肪と筋肉は別の組織であるため、**脂肪の下にある筋肉を鍛えることと、その部分の脂肪が同時進行で減って細くなるのとは別次元の話です。**脂肪を減らす方法は、食事や運動量による消費カロリーのコントロールしかないのです。

また、**大きな負荷で追い込めば、その分効果が得られるという考えも間違いです。**トレーニングは、目的どおりの動きができているかどうかが大前提。たとえばヒップアップを目的に30kgのバーベルを持ってスクワットをしても、回数を増やしたり負荷を50kgに増やしたりしたところで、前ももばかりが疲れた状態では効果が期待できないばかりか、気にしている前ももがどんどん太くなってしまうこともあります。やるべきことは、たとえ負荷が少なくても、お尻の筋肉がちゃんと使えるスクワットを行うことです。それが70点の筋トレであり、70点が取れればカラダは美しくなっていきます。他の部位も同様で、トレーニングの目的を明確にした上で動作を正しく行うことが重要となります。

宅トレ女子のお悩みアンケート

気になる部位（複数回答）

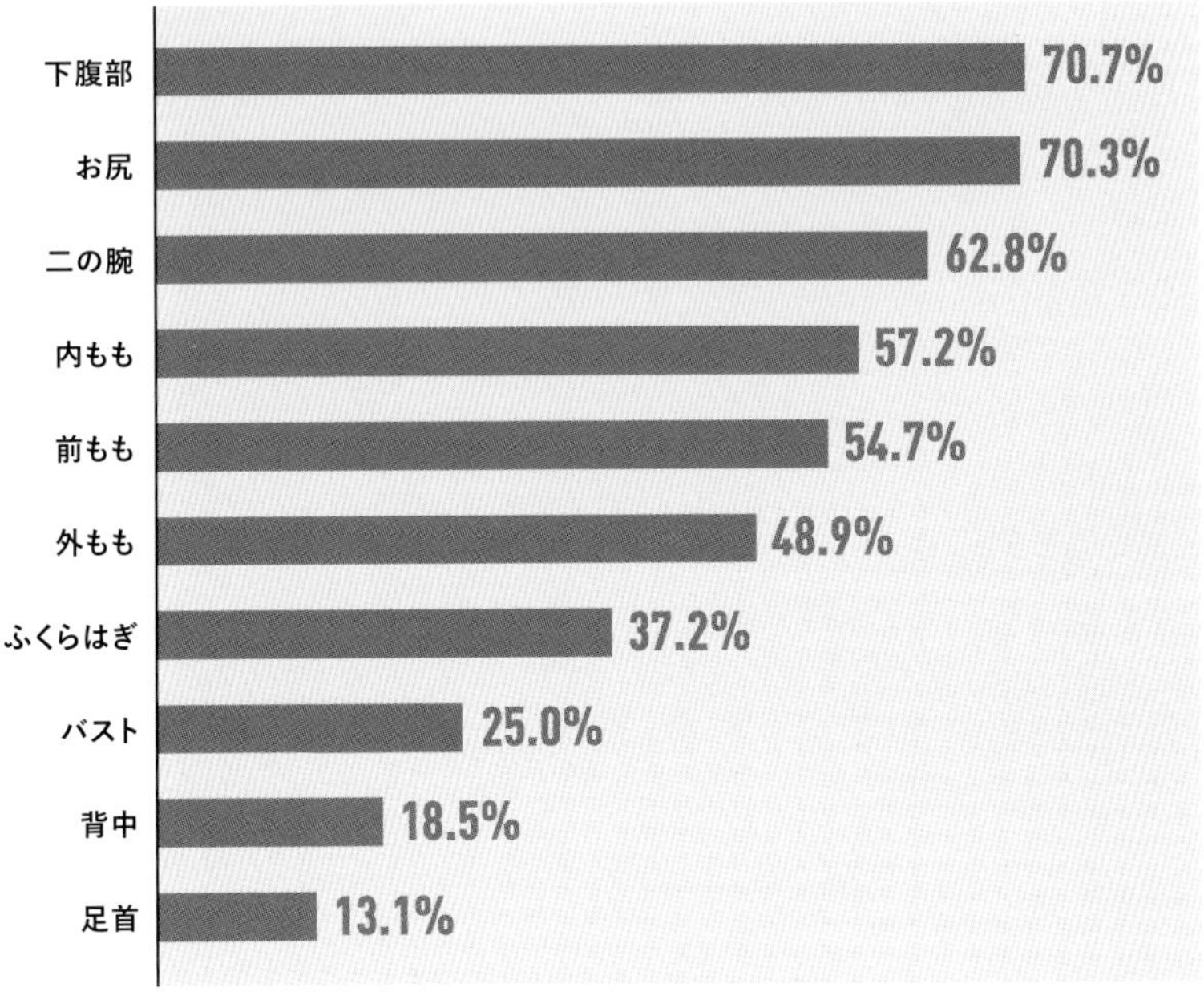
下腹部 70.7%
お尻 70.3%
二の腕 62.8%
内もも 57.2%
前もも 54.7%
外もも 48.9%
ふくらはぎ 37.2%
バスト 25.0%
背中 18.5%
足首 13.1%

引き締めるつもりが"たくましくなっている"という悲しい現実

ＳＮＳで４４４人の女性を対象に筋トレに関するアンケートを取ってみました。年齢は10代～50代、筋トレ歴は1年以上3年未満が34・5％、半年以上1年未満が20・9％、半年以内が17・3％と皆さん頑張っている様子。しかも頻度は週に1、２回の人が半数近くいます。

この頻度で半年以上トレーニングをしていれば体重にも見た目にもよい変化が出ていていいはずです。

ところが皆さんから上がってきた声

筋トレ歴

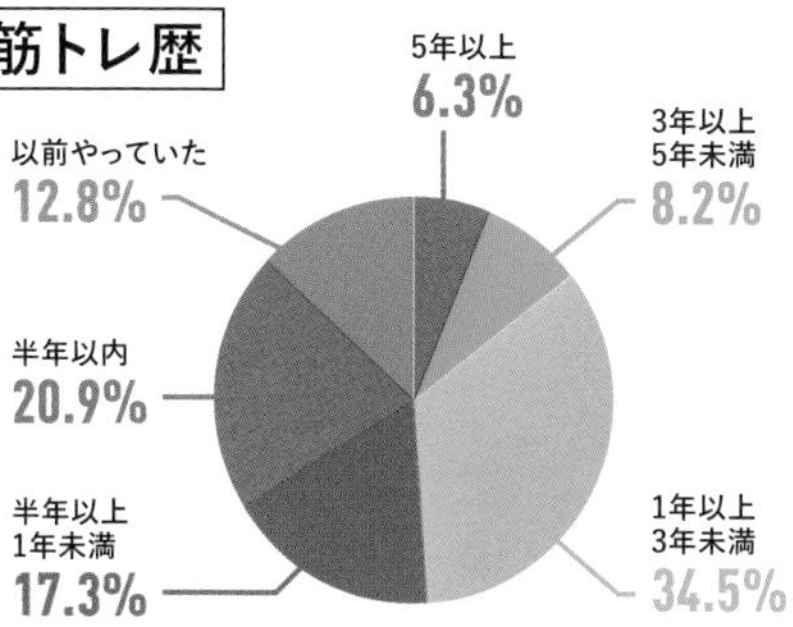
5年以上
6.3%
3年以上
5年未満
8.2%
1年以上
3年未満
34.5%
半年以上
1年未満
17.3%
半年以内
20.9%
以前やっていた
12.8%

筋トレの頻度

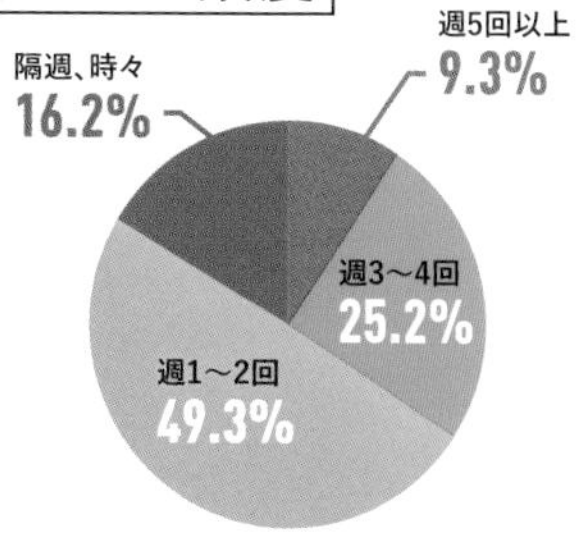
週5回以上
9.3%
週3～4回
25.2%
週1～2回
49.3%
隔週、時々
16.2%

体脂肪率とBMIの分布

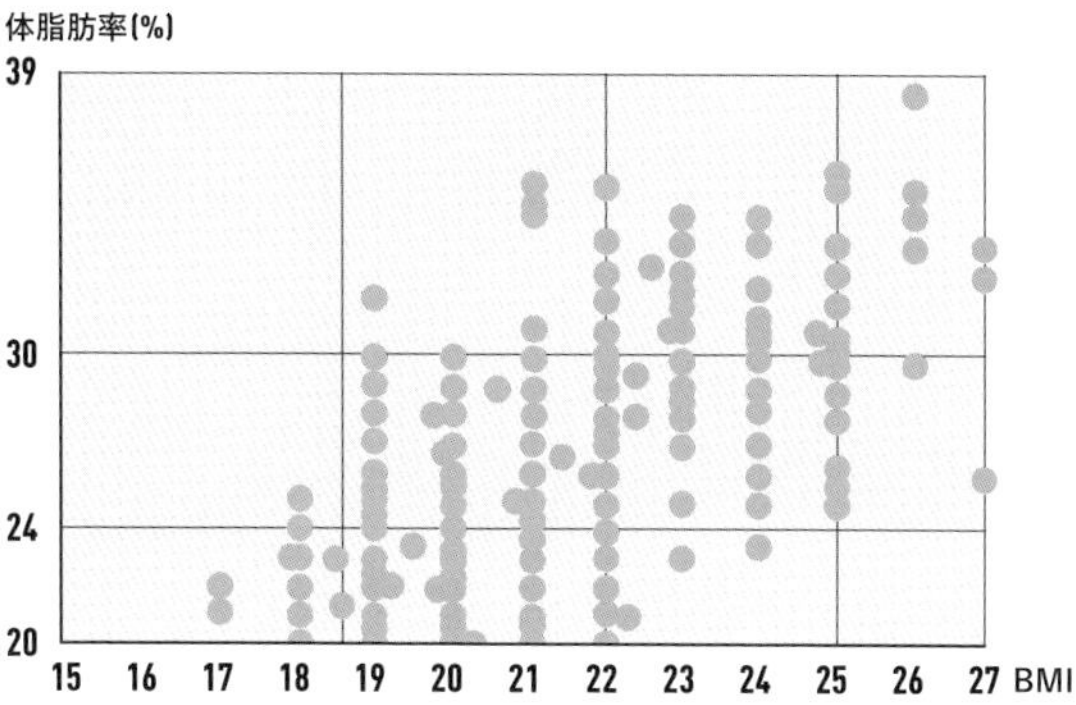
体脂肪率(%)
39
30
24
20
15
16
17
18
19
20
21
22
23
24
25
26
27
BMI

は、「腹筋しても下腹が凹まない！」「引き締めるつもりが、前ももがたくましくなっている」「タンクトップ姿が強そうに（涙）」という現実。

しかもこれは年齢問わず、なのです。若いから代謝がいいとか体力があるとか動けるとか全く関係ありません。

さらにアンケートに答えてくださった方のBMIは18～25、体脂肪率は20～30％に集中しており、決して肥満体型ではありません。

このような標準体型の人たちが見よう見まねで筋トレをすると、「脚や腕や肩がむしろ太くなった」と、理想から遠ざかるケースがあるのです。

前ももにめっちゃキテる……
先生、これであってますか――?

前ももに効くスクワットは間違い！内ももはだるだるのまま……（涙）

実は筋トレに関するアンケートの中で、最も多くの人が取り組んでいるのに、効果が出ていないのが「スクワット」でした。

下半身ヤセしたい、お尻をプリッといい形にしたい！という思いでスクワットに挑んでいるのに、理想のレッグラインになったという声は少なく、〝ヤセたいところが全然絞れない！〟という空振りの声ばかり。

スクワットの効果が出ない最も大きな原因は、**しゃがんだときに膝が内側に入ってしまうことです。重要なのは、どれだけ足幅を開いて行うかではありません。股関節、膝関節、体幹をどのように使っているかに注力することです。**

股関節が内旋したまましゃがむと膝が内側に入ってしまい、前ももばかりを使って、お尻や内ももの筋肉を使えません。筋トレでこのような動作をしてしまう人は、間違いなく日常動作でも同じようなクセがあり、普段から内股になりながらしゃがんだり歩いたりしています。実は、これこそが脚が細くならない根本原因です。

つまり、筋トレで筋肉を追い込んで疲弊させることよりも、筋トレによって〝正しい動作を学習させる〟ことのほうが、効率よくボディラインを変化させるコツなのです。

☑CHECK 1
股関節の可動域、知ってやってる?

お尻をできるだけ後ろに引いて、膝は前に出さず、おじぎをするようにカラダを倒すことをスクワットのポイントだと思っている人が多くいます。しかし**一番注目してほしいのは、股関節の外旋の可動域です。**

「股関節の外旋」とは関節が外向きにねじれて開いている状態、「内旋」とは股関節が内向きにねじれ、X脚のような感じで内に入ってしまっている状態をいいます。

脚の付け根にある股関節は、周辺にあるお尻や太ももなどの筋肉と連動しています。そのため**股関節がどれだけ動くかで、周辺の筋肉の運動量が決まります。**

また股関節は、座りっぱなしの姿勢が長い、階段を使わないといった生活ばかりしていると動く範囲（可動域）に偏りが出てきます。そうすると股関節周辺の関節が、動かない股関節の代わりに動こうとして膝や腰への負担が大きくなります。関節の可動域は大きければよいというわけではなく、大きすぎると、また別の負担が大きくなることもあるためバランスが重要です。

実は、ほとんどの人の股関節は内回しに内旋した状態にあり、お尻の筋肉でなく前ももばかりを使っています。**まずは股関節を外旋させて外回しの状態にする感覚を覚えて、可動域を広げることがスクワット成功への近道となります。**

あなたの股関節どのくらい開くの？

イスに座って脚をできる限り外に広げます。これ以上いかない、というところでキープ。そこがあなたの最大可動域。本来ならば股関節の外旋は中心から45°が正常な可動域ですが、それ以下ならば毎日脚を開くことで可動域を広げましょう。

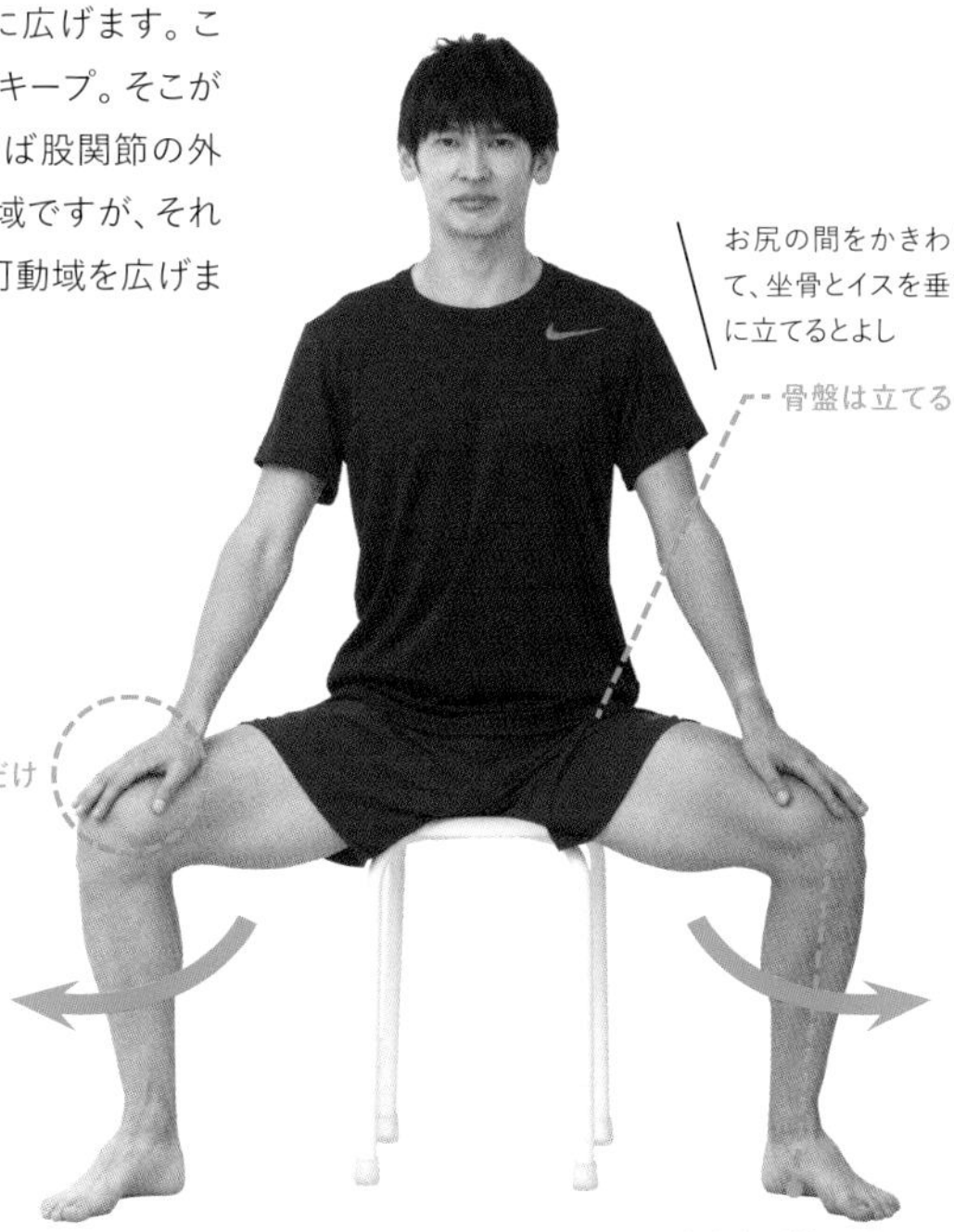
お尻の間をかきわけて、坐骨とイスを垂直に立てるとよし
骨盤は立てる
手は添えるだけ
かかとは膝の下に

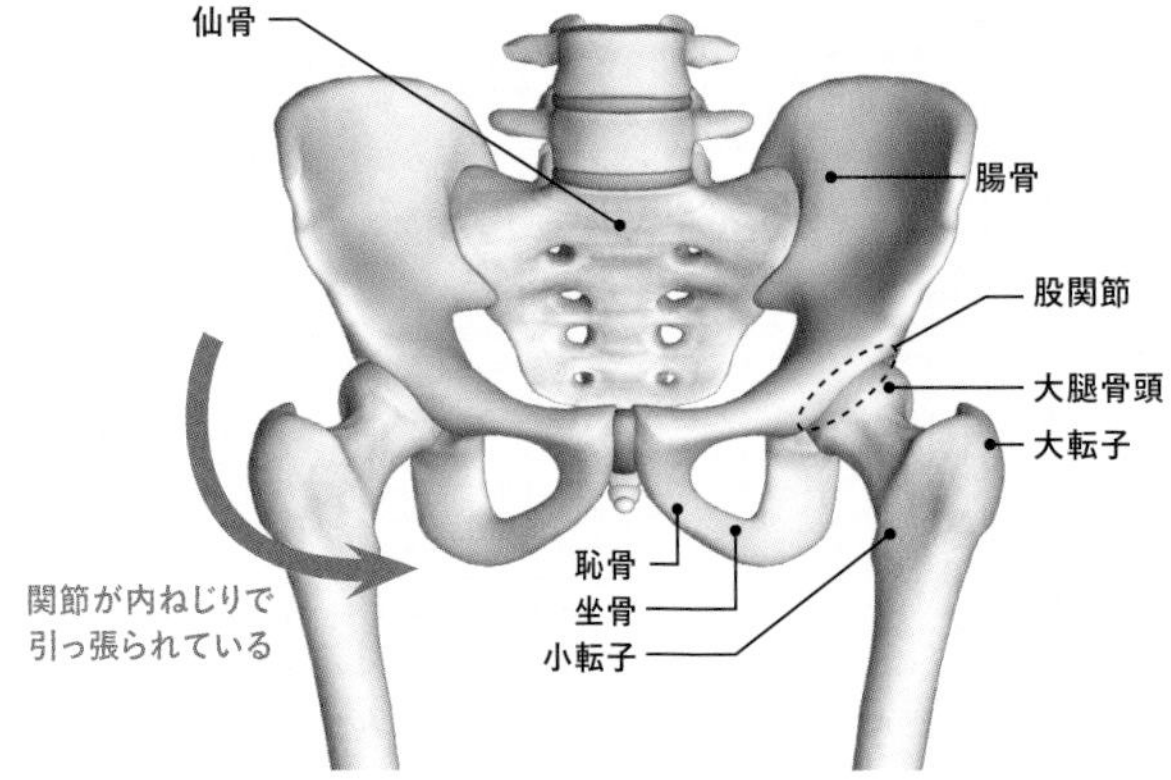
仙骨
腸骨
股関節
大腿骨頭
大転子
恥骨
坐骨
小転子
関節が内ねじりで引っ張られている

股関節は骨盤と脚の連結部分

股関節は太ももの骨と骨盤をつなぐ部分で、下半身で最も重要な関節です。股関節の内旋とは、関節を内回しにする動きのことを指します。しかし普段の生活のクセから、立った状態でも股関節が内向きにねじれ、内旋したままの方が多くいます。太もも自体が内に入ってしまっているX脚も、内旋の代表例です。

下半身太りからの卒業は正しいスクワットで叶う

股関節の内旋グセを正そう！

多くの人が気にしている下半身太り。上半身はそうでもないのに、脚だけが太くてバランスが悪い理由は、股関節をどのように使っているのかが大きく関わっています。**重要なのは、下半身を気にする多くの人の股関節が内旋、そして膝下が外旋するクセがあること。**股関節が内旋すると膝が内に入る「通称・ニーイン」の状態になります。すると膝下はバランスを取ろうと外側へ外旋してねじれます。これを繰り返すと、脚の骨が外や前に引っ張られ、**前・外ももだけでなく膝下までも張り出し、ラインが崩れるのです。**その結果、お尻や内・裏ももの筋肉が稼働しづらくなり、骨格を支える筋肉もアンバランスにつくという悪循環が生じます。

皮下脂肪は筋肉という土台の上につきます。しかしこのような崩れた骨格の状態で皮下脂肪がついてしまうと、血液の循環が悪くなり、お尻の下や外側、膝の上、膝の内側や足首など、気になる部分の脂肪がつきやすく、また落ちづらくなり、むくみや冷え性にもなりやすいという負のループに入ってしまいます。

そうならないために下半身のねじれを正しく矯正する目的がスクワットなのです。

X脚もO脚も股関節は内旋している

X脚

太ももの外と前に負担がかかる張り脚の典型

脚を揃えて立ったとき、膝の内側はくっつくけれど、内くるぶしはくっつかないタイプ。股関節が前方方向にせり出しながら内旋し、前ももと外ももに体重が乗りやすく太ももが太くなりやすい。膝下は外旋で強くねじれ、足元をくっつけられないほどラインが崩れてしまいます。

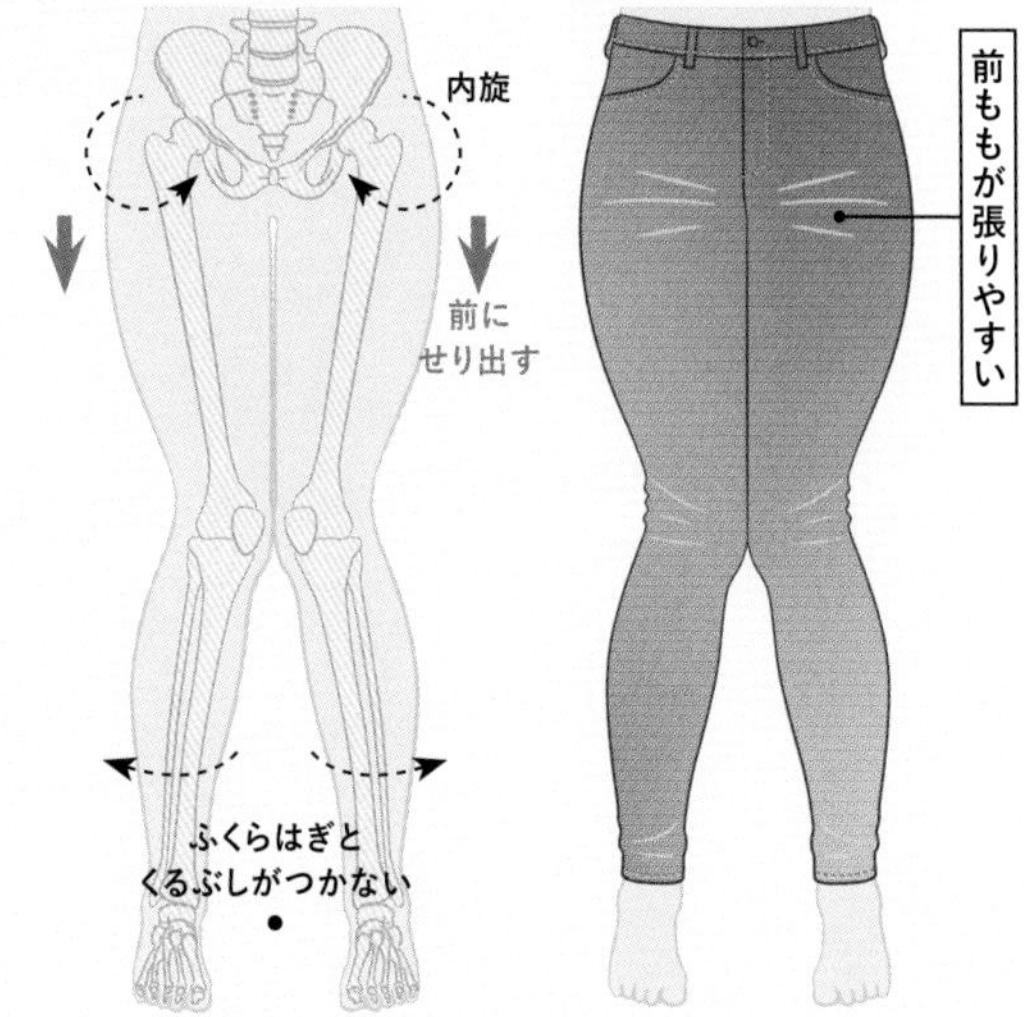
内旋
前に
せり出す
ふくらはぎと
くるぶしがつかない
前ももが張りやすい

脚がX字のような形になる

O脚

太もももふくらはぎも張り出してビッグヒップに

足を揃えて立とうとしても、膝の内側と内くるぶしがくっつかず、脚のラインがOになっているタイプ。股関節が内旋しながら外に広がって大転子が張り出していて、お尻が大きく平たく見えるのが特徴です。膝下は外側にねじれてふくらはぎはバナナのようにカーブしています。

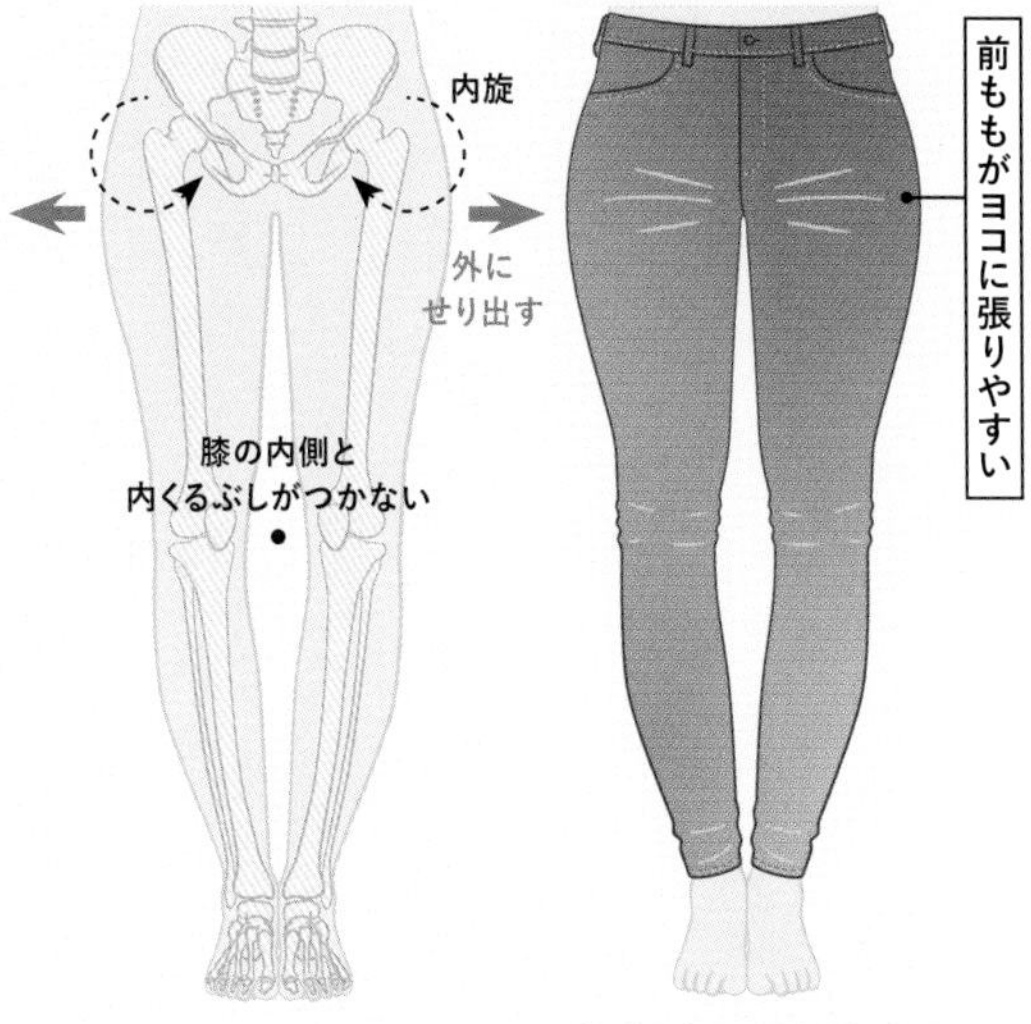
内旋
外に
せり出す
膝の内側と
内くるぶしがつかない
前ももがヨコに張りやすい

脚がO字のような形になる

※この2つの脚の特徴を合わせた XO脚 の人もいます。

☑CHECK 2

骨盤の前傾・後傾は腰を反らすのとは違う

スクワットの際に、しゃがんでから立ち上がるときに腰が痛いという人がいます。これは単なる腰痛ではありません。骨盤の前傾、後傾を操作できずに、その動きを、腰を反らせて補ってしまうことで起こる痛みなのです。

正しい骨盤の使い方は、しゃがむときは、お尻をプリッとさせて骨盤を前傾（A）させます。このとき股関節は「屈曲《くっきょく》」といって折れ曲がっている状態になっていて、お尻にストレッチがかかり、伸ばされている状態です。

反対に立つときは、骨盤を後傾（B）させます。このとき、股関節は「伸展《しんてん》」という伸びている状態で、脚の付け根の前部分を広げるように前に出し、お尻に力を入れて収縮させます。骨盤の前傾・後傾の動きは、腰を反らしたり丸めたりする動きに一見似ているため、腰を使ってしまうと負担が大きくなり、痛くなることがあるのです。

筋トレは、**骨盤の前傾・後傾の動きと、それに連動する股関節の伸展と屈曲の最大可動域を使うことで、お尻の筋肉を連動させて最大限に使うことができます。**この可動域が小さければ連動するお尻の筋肉への影響も小さいです。

股関節を屈曲、伸展させて、最大可動域を利用したスクワットを行うには、骨盤の前傾と後傾を、自由自在に行える必要があります。

股関節の屈曲と伸展の最大値を知ろう!

イスに座り、腰に手を当てて骨盤を前傾にしたり後傾にしたりと繰り返しましょう。反り腰の人は、前傾はしやすく後傾がしづらい。猫背や巻き肩の人は、後傾はしやすく前傾がしづらいなど、カラダの使い方のクセによって差が出ます。

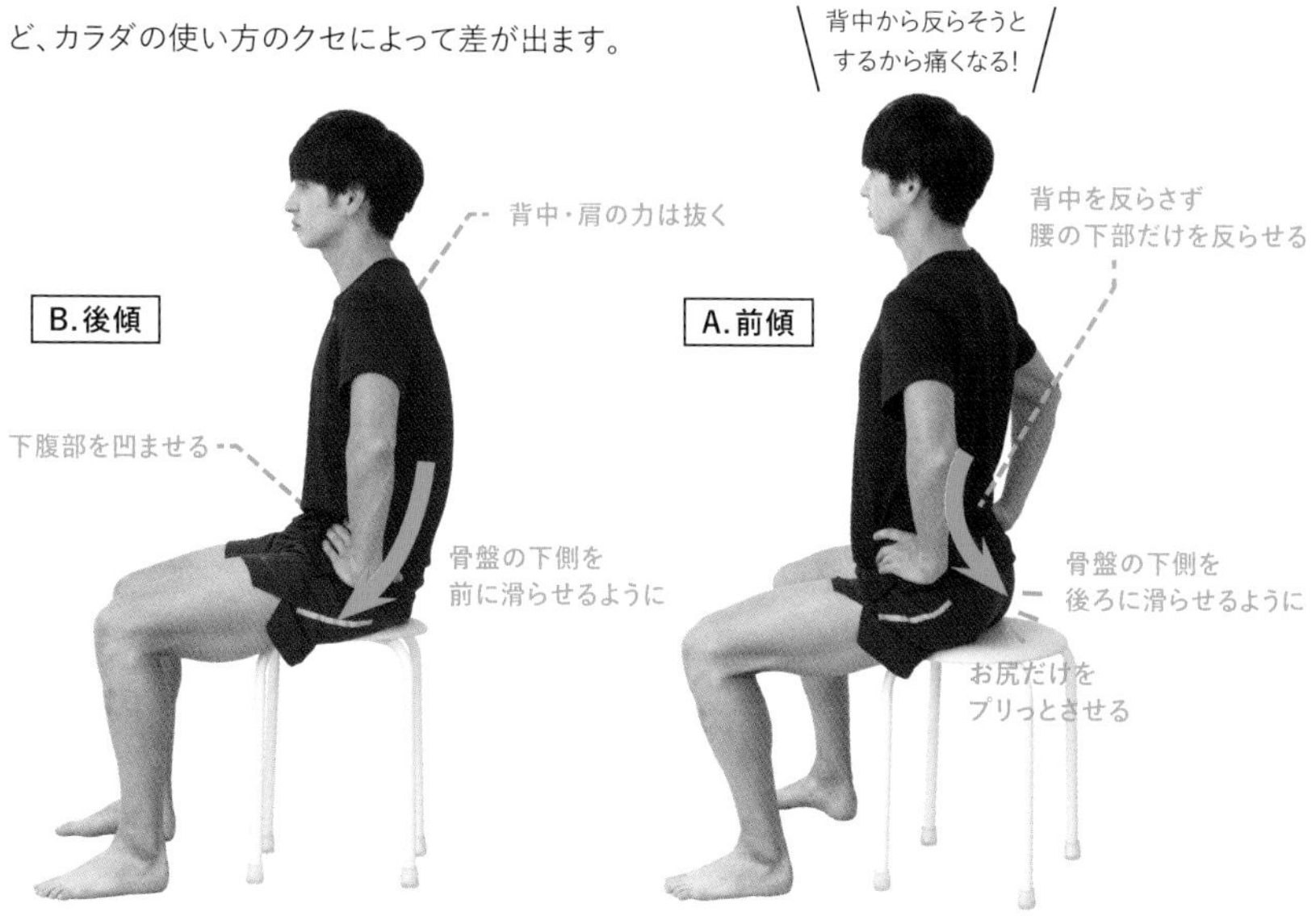

B.後傾
背中・肩の力は抜く
下腹部を凹ませる
骨盤の下側を
前に滑らせるように
背中から反らそうと
するから痛くなる!
A.前傾
背中を反らさず
腰の下部だけを反らせる
骨盤の下側を
後ろに滑らせるように
お尻だけを
プリっとさせる

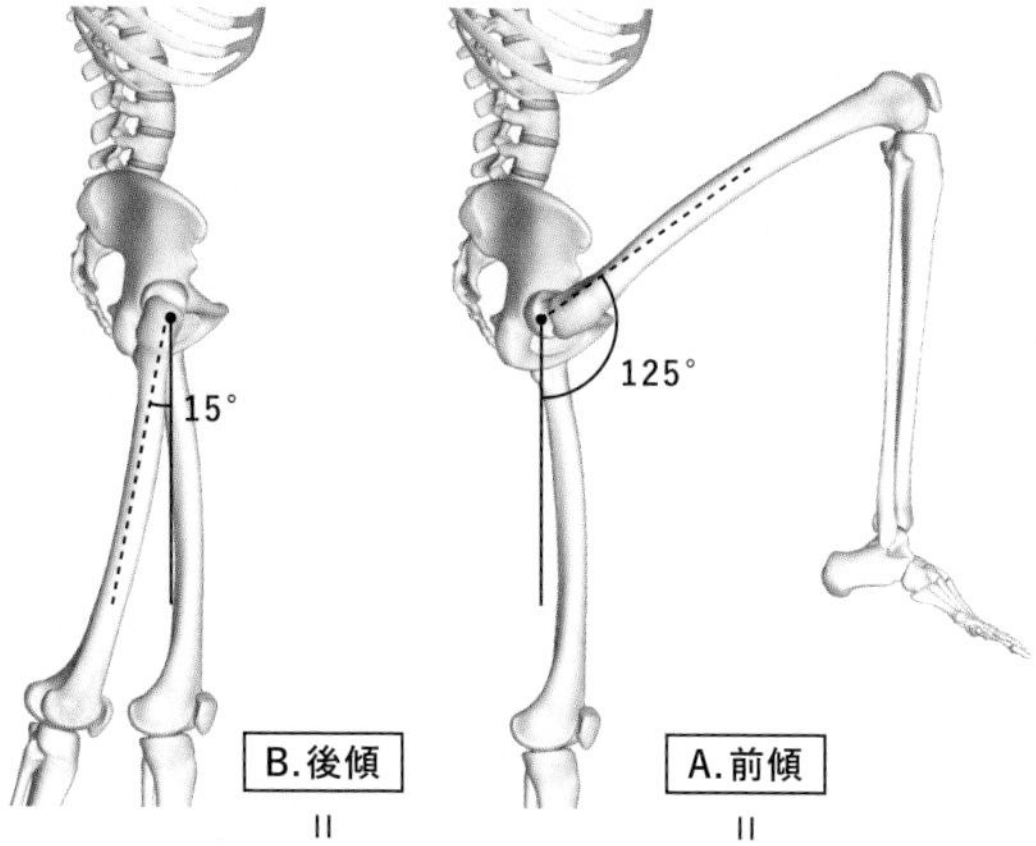

15°
125°
B.後傾
A.前傾

B.後傾
=
股関節は伸展する

A.前傾
=
股関節は屈曲する

股関節の屈曲・伸展ってどういう動き?

股関節の「屈曲」とは、直立姿勢で体軸に対して股関節を曲げることで、個人差はありますが、その角度は最大約125°です。反対に「伸展」とは股関節を伸ばすことで最大約15°とされています。屈曲するとお尻の筋肉はストレッチされ、伸展すると収縮する、その動きがスクワットなのです。

見直してみよう！
正しいスクワット

CHECK 3

膝が内側に入ったまま スクワットしてない？

「スクワットをすると前ももに効いてしまって全然お尻のトレーニングになっていない気がする……」という方が、かなりの割合でいます。

これはしゃがむときに股関節をうまく外旋しながら屈曲させることができず、逆に**股関節を内旋させ、膝を内側に入れてしまうことが原因です。**股関節を使ってしゃがむという意識がないと、どうしても膝を優位に使ってしまい、前ももばかりに負担がかかります。これを繰り返しやればやるほど、**内ももは引き締まらないまま、すでにたくましい前ももをさらに鍛えることになるのです。**

股関節を外旋することの重要性は、20ページで話しましたのでそれは継続しつつ、ここでは視点を変えて膝に注目します。

理想は膝とつま先が同じ方向を向くことですが、膝を内側に入れないためには「小指の方向に向ける」くらいのほうがよいでしょう。「どんなに膝を動かさないように意識しても動いてしまう」という場合は、膝をイスやソファで固定しましょう。**膝を軽く曲げた位置で固定して、膝頭を外に向ける意識で行うと、膝が前に出すぎたり内側に入ったりするのを防ぐことができます。**そうすれば股関節を使いやすくなるので、**お尻と裏ももに刺激が入ってくるのがわかるはずです。**

膝を固定しておけば内にも前にも入らない

膝を曲げたときに、膝が台よりも前へ突き出さないように固定しておくと、膝が内に入ってしまうのを防げます。膝頭を少し外に向けながら曲げ、台に当てて固定したままにします。写真のような姿勢がスタートポジション。ここからお尻を垂直におろしながらしゃがんでいきます。台があることで膝が前に出たり内側に入ってしまうのをセーブできます。

イスやソファでも
OKです

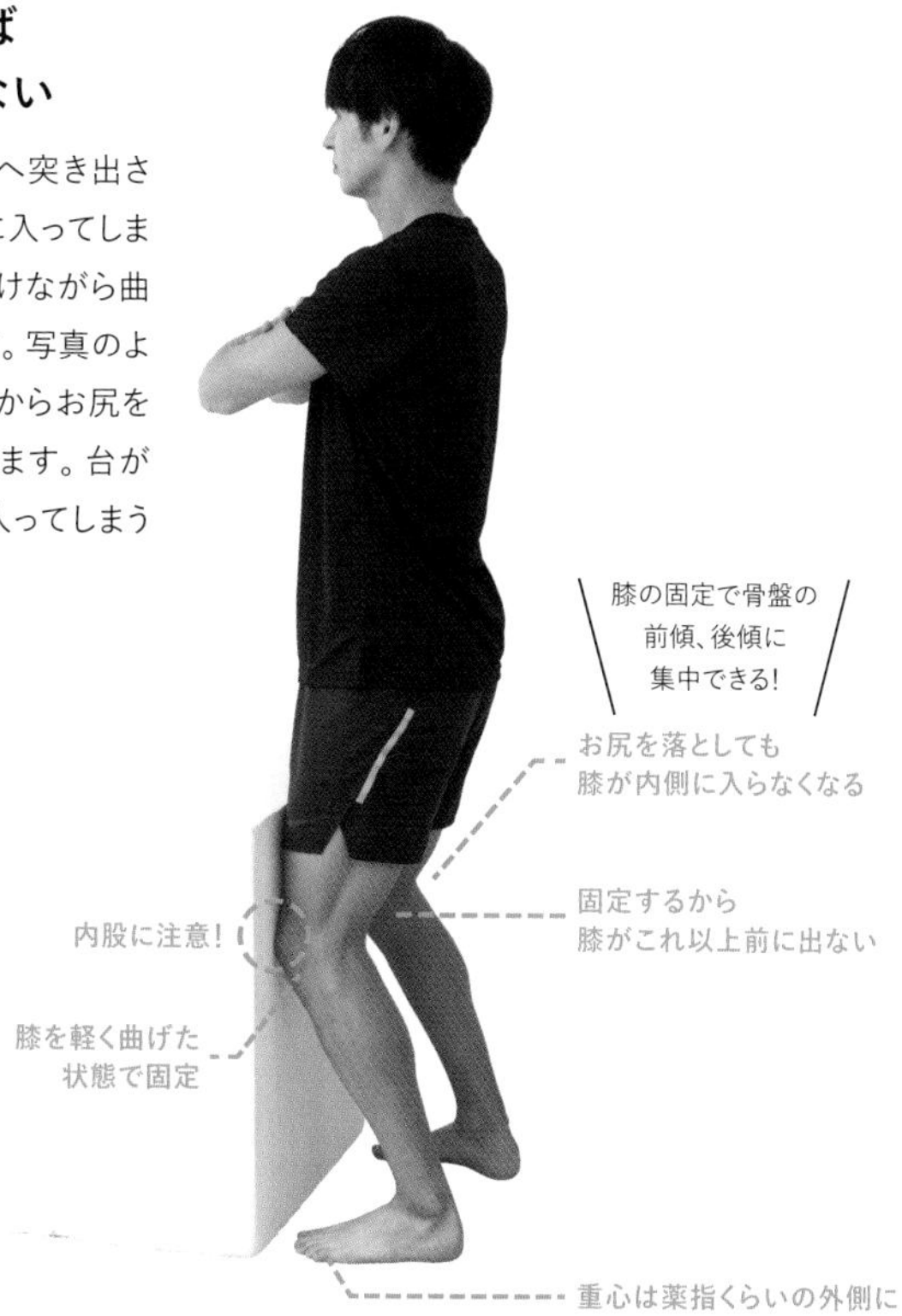
膝の固定で骨盤の
前傾、後傾に
集中できる!
お尻を落としても
膝が内側に入らなくなる
固定するから
膝がこれ以上前に出ない
内股に注意!
膝を軽く曲げた
状態で固定
重心は薬指くらいの外側に

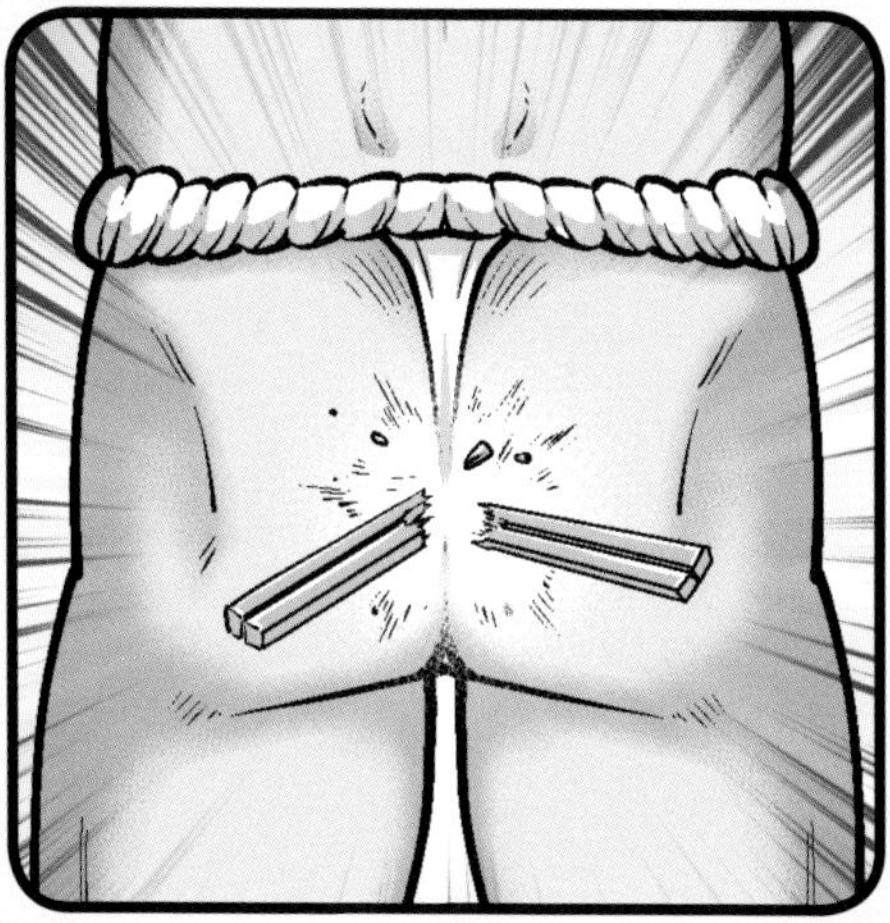

お尻を締めることを忘れない!

股関節をうまく使えるようになったら、骨盤の前傾、後傾を思い出しましょう。しゃがんだときの骨盤は前傾、立ち上がったときは後傾が正しい位置。なんだか難しくてよくわからないという人は、立ち上がったときにギュッとお尻を締めることを意識すればOK。お尻に挟んだ割りばしを割るようなイメージでギュッと締めれば、自然と骨盤は後傾します。

❶❷❸のポイントを押さえた

ヘタでもできるワイドスクワットはこれだ!!

膝の固定なしで
できればさらに
good!!

背中を丸めない
骨盤は前傾
膝は小指の
ほうに向ける
ココに
効かせる!
お尻は床に
垂直に落とす
30°
つま先を開きすぎない
重心は薬指

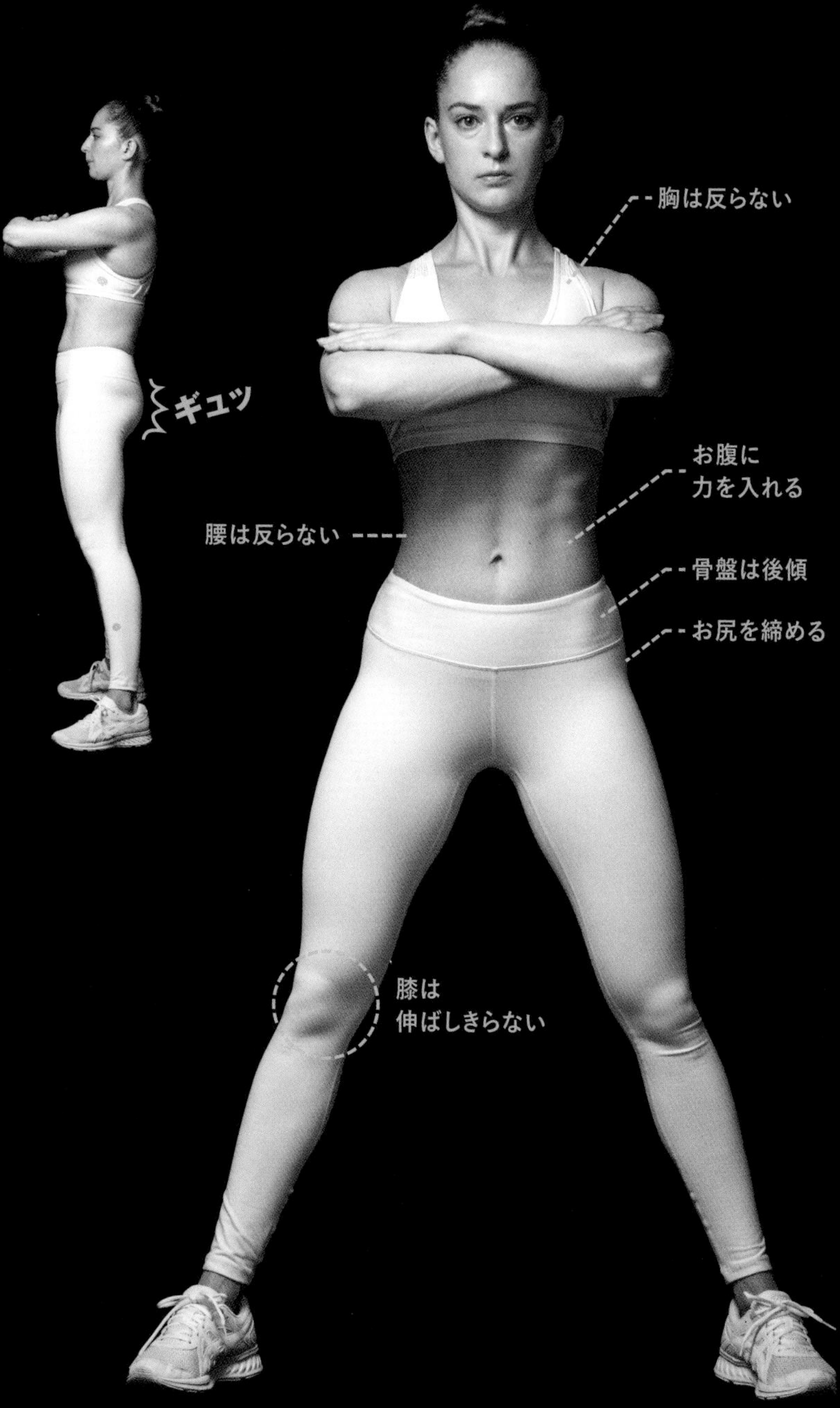
ギユッ
胸は反らない
お腹に
力を入れる
腰は反らない
骨盤は後傾
お尻を締める
膝は
伸ばしきらない

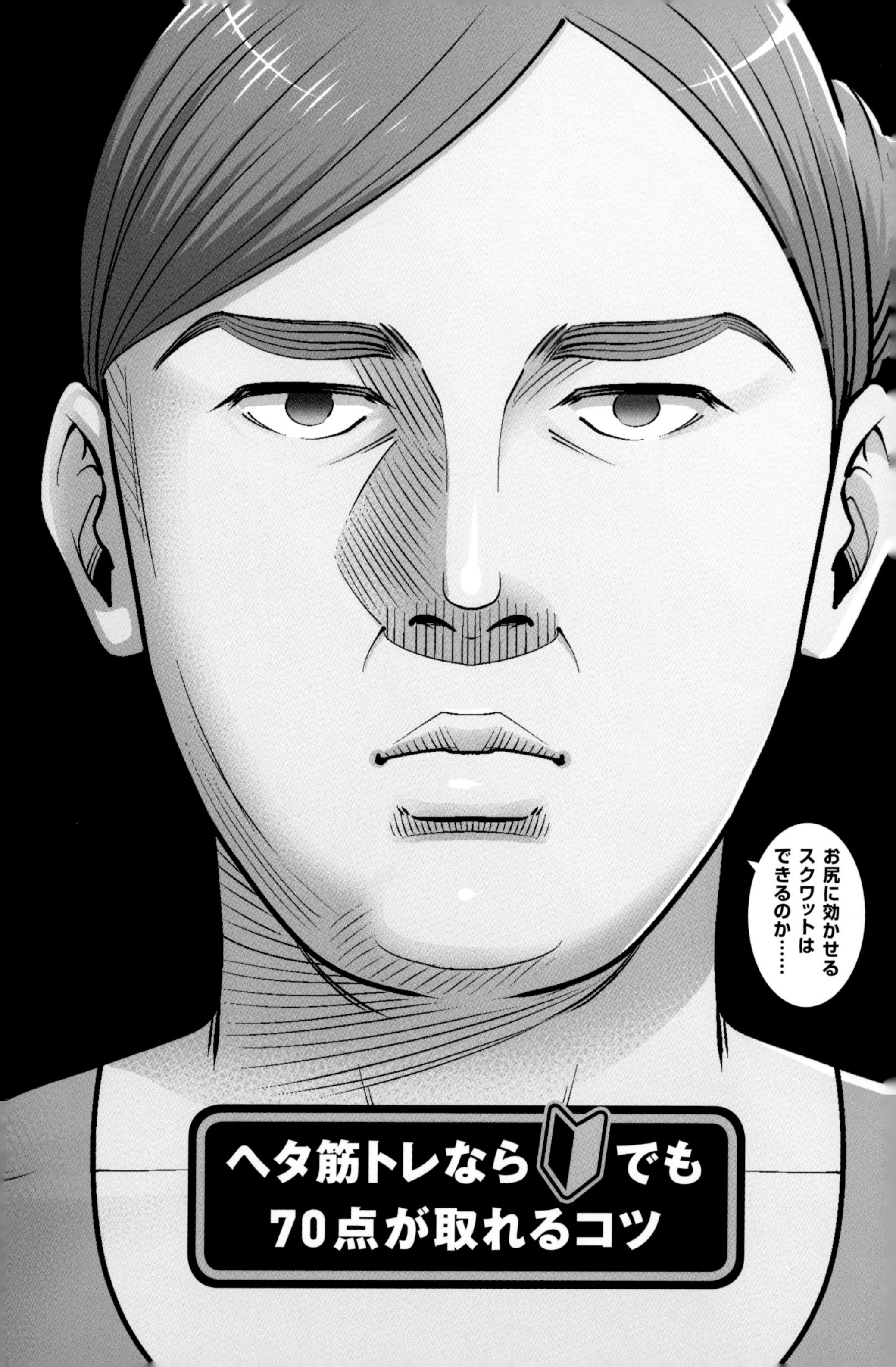

ヘタ筋トレならでも
70点が取れるコツ

70点が取れる筋トレのコツ ❶

人間は1つのことしか意識して動けない

スクワット1つするだけでも、今まで説明してきたようにとにかく気をつけることが多いのです。しゃがむときの膝の向き、お尻の突き出し方、骨盤の傾き……。

わかっていても実際行ってみると、自分がイメージしていることと現実がかけ離れていることがあります。

たとえば膝に意識を向けていると、股関節のことを忘れてしまうなど、**人間は一度に複数のことを考えられません。** 27ページのように膝を固定してしゃがむ部分だけを切り取ったトレーニングをすれば、**骨盤を前後傾することだけに集中できるのです。**

私は水飲み人形のごとく前後傾するのみ…
○
ヒザを内に入れない…
おしりを突き出す…
骨盤の角度…
×

プルプル限界超えの根性筋トレは正しく鍛えられない

筋トレで勘違いしがちなのが、限界まで追い込むことが目的となること。筋肉を太くすることが目的であれば、それも間違いではありません。しかし、美しいボディラインを目的とするなら、**動き方の精度を上げて、使う筋肉の出力を調整することが必要です。**

たとえばスクワット。前ももが7割、お尻が3割の出力バランスだと、せっかく頑張っても前ももだけが成長するばかり。そうならないためには、**お尻が7割、前ももが3割になる動き**を意識して、出力をコントロールし、狙った筋肉に確実にアプローチするほうが効果的なのです。

限界超えからの3回が筋肉をつくるのよね
その3回、すでにニーインしてますやん

筋肉よりも関節を考えて鍛える

筋トレをするときは鍛えたい筋肉のことだけに集中しがちです。でも**実際に意識してほしいのは関節がどう動いているのか、ということ。**

関節を動かすためには筋肉が必要です。筋肉の使い方がおかしいと、関節も本来とは違った方向にねじれてしまいます。

たとえば股関節。内旋してしまうことで、骨盤より前に太ももの骨が出てしまう状態になり、**太ももの前ばかりに筋肉がついてしまうのです。**股関節の外旋を意識すれば、正しく股関節が使われて、お尻の筋肉が連動しやすくなります。

大股でやるほど筋トレはハードでしょ！
✕
正しい骨の位置でやらない筋トレはただの負のかけ算

ヘタ筋トレって
どのくらいやればいいですか?

基本は毎日。
2日に1回は必ず。
3日サボるのはNG

筋トレは毎日行わず、1〜2日ほど空けたほうが効果的であるという話をご存知の方は多いはずです。しかし、ヘタ筋トレは筋肥大やカロリー消費を目的としたものではなく、正しい動作を習得するのが目的です。回数をこなしたり筋肉痛になるくらい追い込むことはむしろ避け、動きをカラダにクセづけるためにも毎日行うことをおすすめします。

使ったことのない筋肉への刺激で、最初は筋肉痛になったり、鍛えたい場所とは別の筋肉を使ってしまうこともあるかもしれませんが、痛くてできないということでなければ、高頻度で行うほうが効果的です。むしろ、強度が低いので3日以上は空けず、最低でも2日に1回は行うようにしましょう。朝昼晩、いつ行ってもよいですし、まとめて行う時間がなければ1日の中で分割して行ってもよいです。普段、別のトレーニングをしているなら、ストレッチの後、トレーニング前のウォーミングアップのように行うと、トレーニングの効果も上がります。

●この本をどこでお知りになりましたか?(複数回答可)

1. 書店で実物を見て　　2. 知人にすすめられて
3. テレビで観た(番組名:　　　　)
4. ラジオで聴いた(番組名:　　　　)
5. 新聞・雑誌の書評や記事(紙・誌名:　　　　)
6. インターネットで(具体的に:　　　　)
7. 新聞広告(　　　新聞)　　8. その他(　　　　)

●購入された動機は何ですか?(複数回答可)

1. タイトルにひかれた　　2. テーマに興味をもった
3. 装丁・デザインにひかれた　　4. 広告や書評にひかれた
5. その他(　　　　)

●この本で特に良かったページはありますか?

[　　　　]

●最近気になる人や話題はありますか?

[　　　　]

●この本についてのご意見・ご感想をお書きください。

[　　　　]

以上となります。ご協力ありがとうございました。

郵便はがき

お手数ですが
切手を
お貼りください

150-8482

東京都渋谷区恵比寿4-4-9
えびす大黒ビル
ワニブックス 書籍編集部

お買い求めいただいた本のタイトル

本書をお買い上げいただきまして、誠にありがとうございます。
本アンケートにお答えいただけたら幸いです。
ご返信いただいた方の中から、
抽選で毎月5名様に図書カード(1000円分)をプレゼントします。

ご住所 〒 TEL(- -)	
(ふりがな) お名前	
ご職業	年齢 歳
	性別 男・女
いただいたご感想を、新聞広告などに匿名で使用してもよろしいですか? (はい・いいえ)	

※ご記入いただいた「個人情報」は、許可なく他の目的で使用することはありません。
※いただいたご感想は、一部内容を改変させていただく可能性があります。

Part.2
はじめてみよう！
３大ヤセ筋を
狙い撃つ、
ヘタ筋トレ

ねちっと解説、お尻・お腹・背中編

絞りたいなら、3大ヤセ筋「お尻、お腹、背中」を狙い撃つ！

筋トレをする理由は「代謝を上げたいから」というのがまず1つでしょう。筋肉は基礎代謝の約18％に関与していて、筋肉量を増やせば体温や活動代謝を上げることに貢献します。ただ、筋肉を増やすのは簡単ではなく、苦労して増やしても、代謝の劇的な改善はありません。地道に時間をかけて行う必要があるのです。

比較的短期間で効果がみられるのはボディラインの変化です。狙った場所の筋肉へ刺激を入れると、筋肉が増えたり、脂肪が減ったりしていなくても、**その部分が引き締まって見え、継続して行うと骨格や脂肪のつき方に変化が出てきます。**逆に、ねじれのクセを治さないままトレーニング動作を間違って行うと、狙った場所とは別の筋肉に刺激が入り、骨格のねじれが悪化する恐れがあります。**頑張って筋トレをしているのに、ガタイがよくなっただけという人は、そういったカラダになるような動作を行っているということです。**

女性が狙いたくない場所は「前もも、外もも、腕、肩」ではないでしょうか。**本来美しいボディラインをつくるために狙う場所は「お尻、お腹、背中」です。**これらの部位に正しい動きで刺激を入れることで、骨格は整えられ、日常の動作も変化します。そうすればさらにボディラインに磨きがかかります。

お尻編
➡ P41〜56

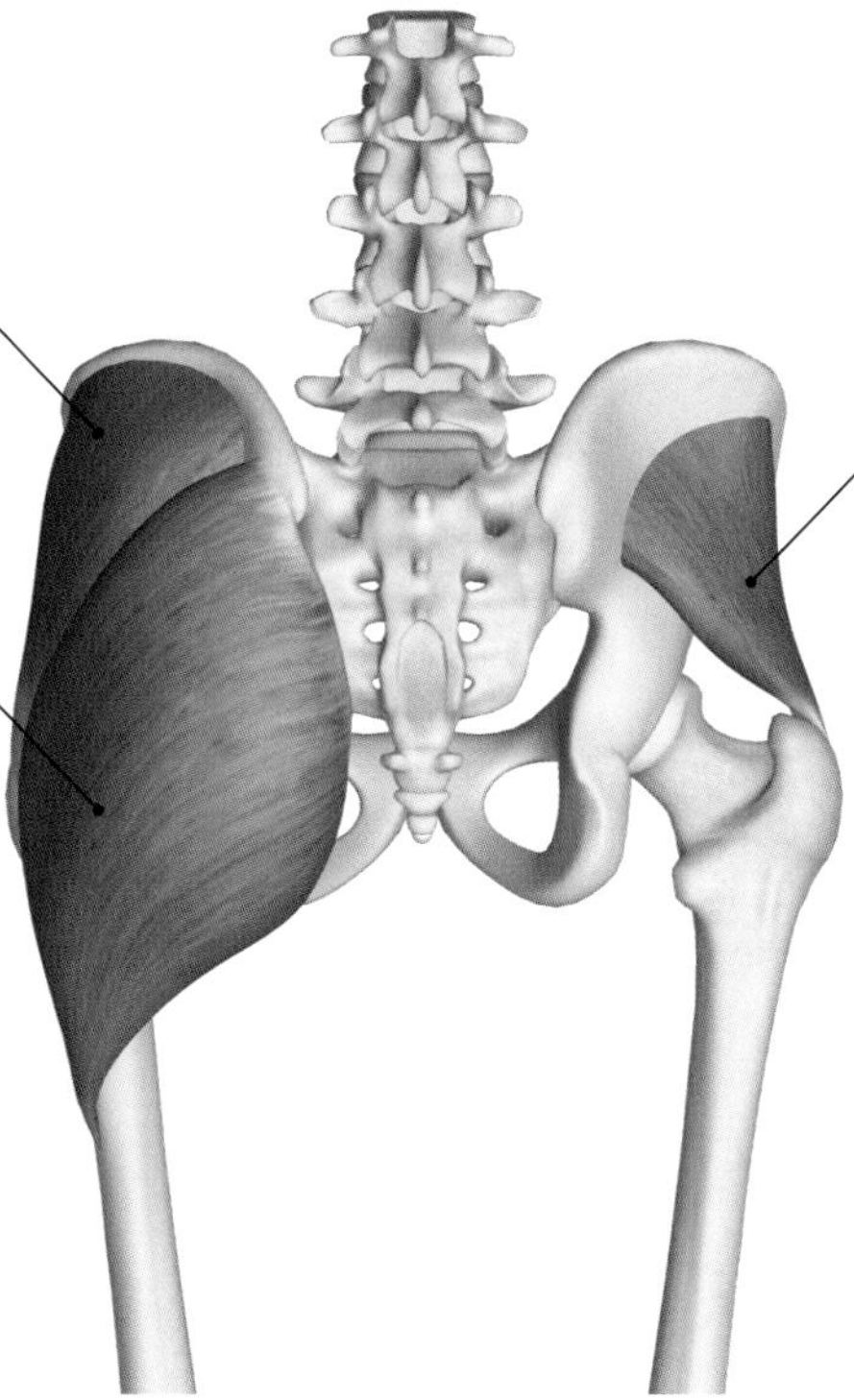

お尻の筋トレは股関節の使い方が重要

お尻を引き締める筋トレといえば代表的なのがスクワットです。これに加えて仰向けの姿勢からお尻を上げるヒップリフトやワイドスクワットも詳しく説明します。

お尻を鍛える筋トレの最大のポイントは、**股関節を正しく屈曲、伸展させてお尻に効かせることです。**お尻を形成する一番大きな筋肉である「大臀筋」や大臀筋の上部の「中臀筋」がターゲットです。**お尻の高い位置の筋肉がつくと、見た目のヒップアップ効果は抜群です。**

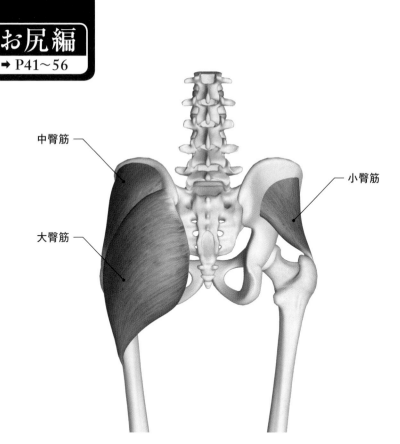

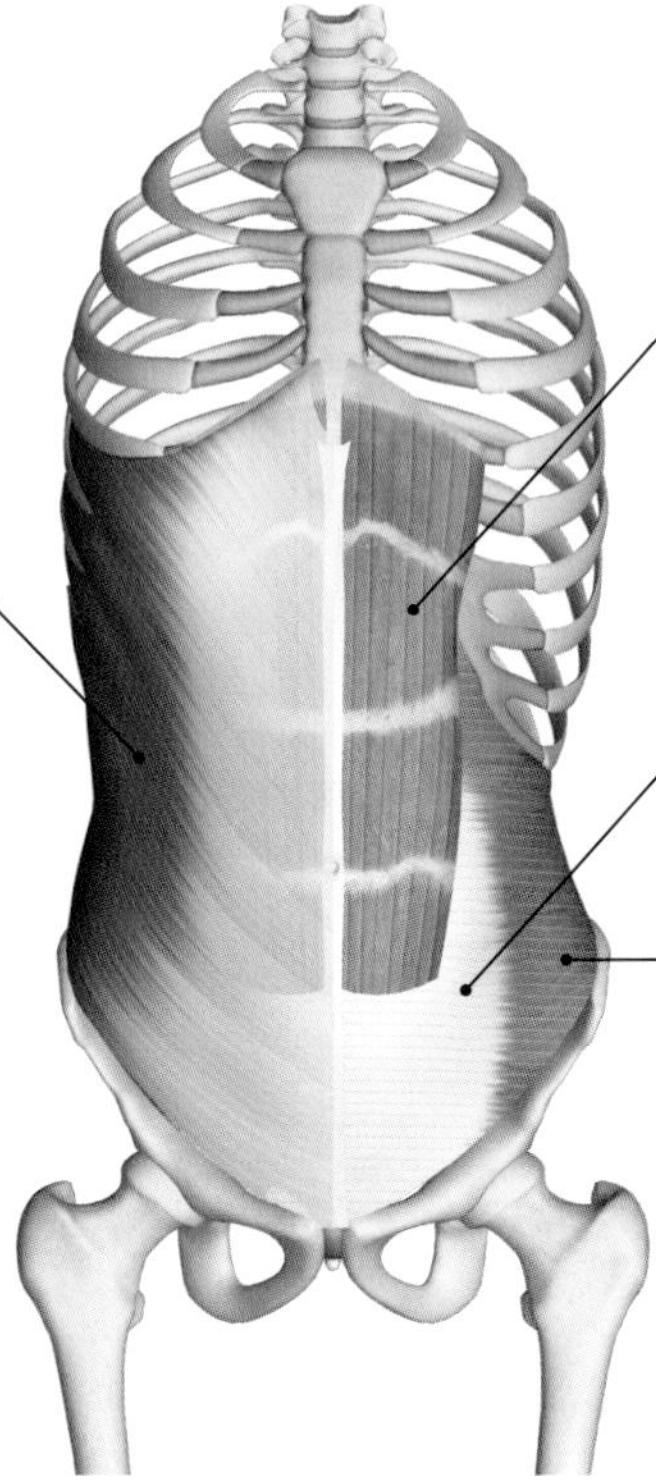

内臓下垂と肋骨の開きのケアでお腹ヤセ

シックスパックにするなどチョコレートのような腹筋をつくるには腹筋運動は最適ですが、**女性なら下腹を凹ませ、くびれをつくるほうが最優先なので、王道の腹筋は行いません！**

ぽっこりした下腹は、ドローインで深層筋にアプローチして、**下垂した内臓を本来の位置に戻します。**

くびれをつくるには、**開いてしまった肋骨を閉じることでケアをします。**アンダーバストが締まるので、バストアップにもなるし、くびれて見えるようにもなるので一石二鳥です。

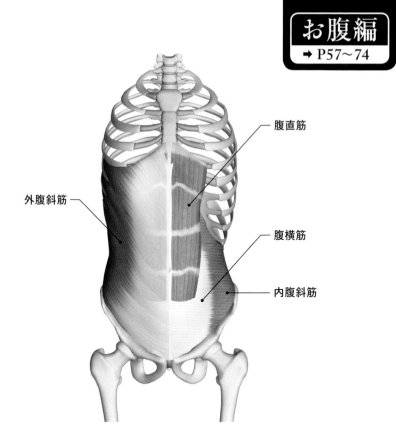

背中編
➡P75〜88

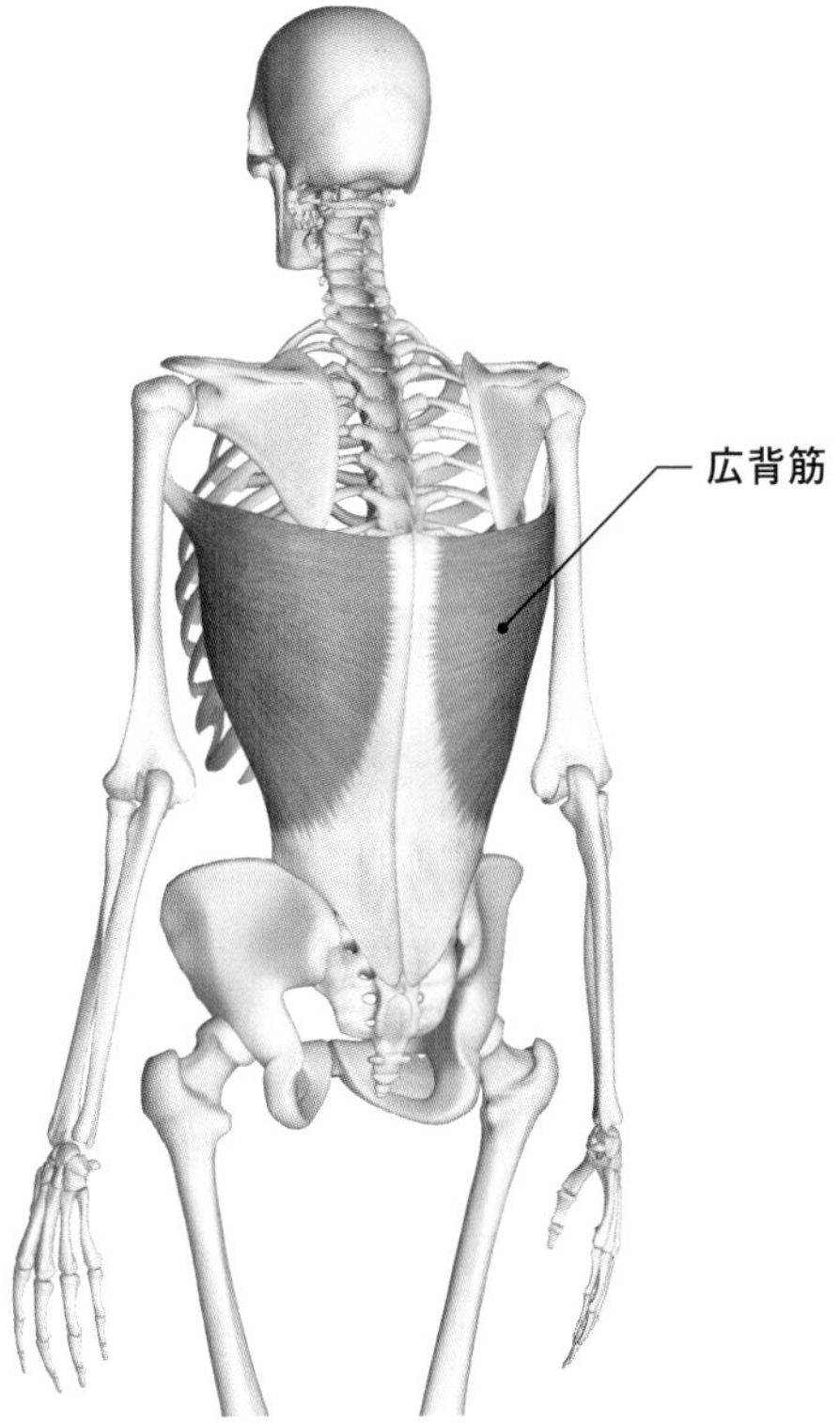

猫背で固まった広背筋を動かす

骨盤・背骨から上腕にかけての背中で最も面積の広い筋肉が広背筋です。大きな筋肉なので、**鍛えることで背中全体が引き締まり、姿勢をきれいに保つことにも貢献します。**

しかし、広背筋は腕を内旋させる作用もあり、猫背で肩が内巻きになっていると、脇の部分で内旋したまま硬くなってしまいます。特にスマホなどをよく使う人は、広背筋が固くなりやすいです。大きな筋肉なので、さまざまな方向からストレッチをかけたり、収縮させたりすることでアプローチを。

ヘタ筋トレのルール

1.

基本をマスターしてから
レベルを上げる

2.

回数をこなすことより、
正しいポジションが大切

3.

関節の動き、
可動域を意識して行う

ねちっと細かく
教えていきます!

若い頃あった股下▽ゾーンが消え失せたなぁ
もっちり
横から見たらそんなに変わらないいんだけど…
くるっ
もっ
…競輪選手かな？
前ももだけ発達がすごい

必ずやるヘタ筋トレ 1

スクワット

動画で CHECK

1

脚を肩幅程度に開き、つま先は30°外に向ける。両手は胸の前でクロスし、3秒かけてお尻を突き出すように腰を落とす。

Part1で紹介したワイドスクワットと注意点は同じです。始めは膝をイスで固定して行いましょう。

まずはノーマルスタンスから始めるのがgood!!

膝は小指のほうに向ける
股関節を開くイメージ
ココに効かせる!
お尻は垂直に落とす
30°
つま先は開きすぎない

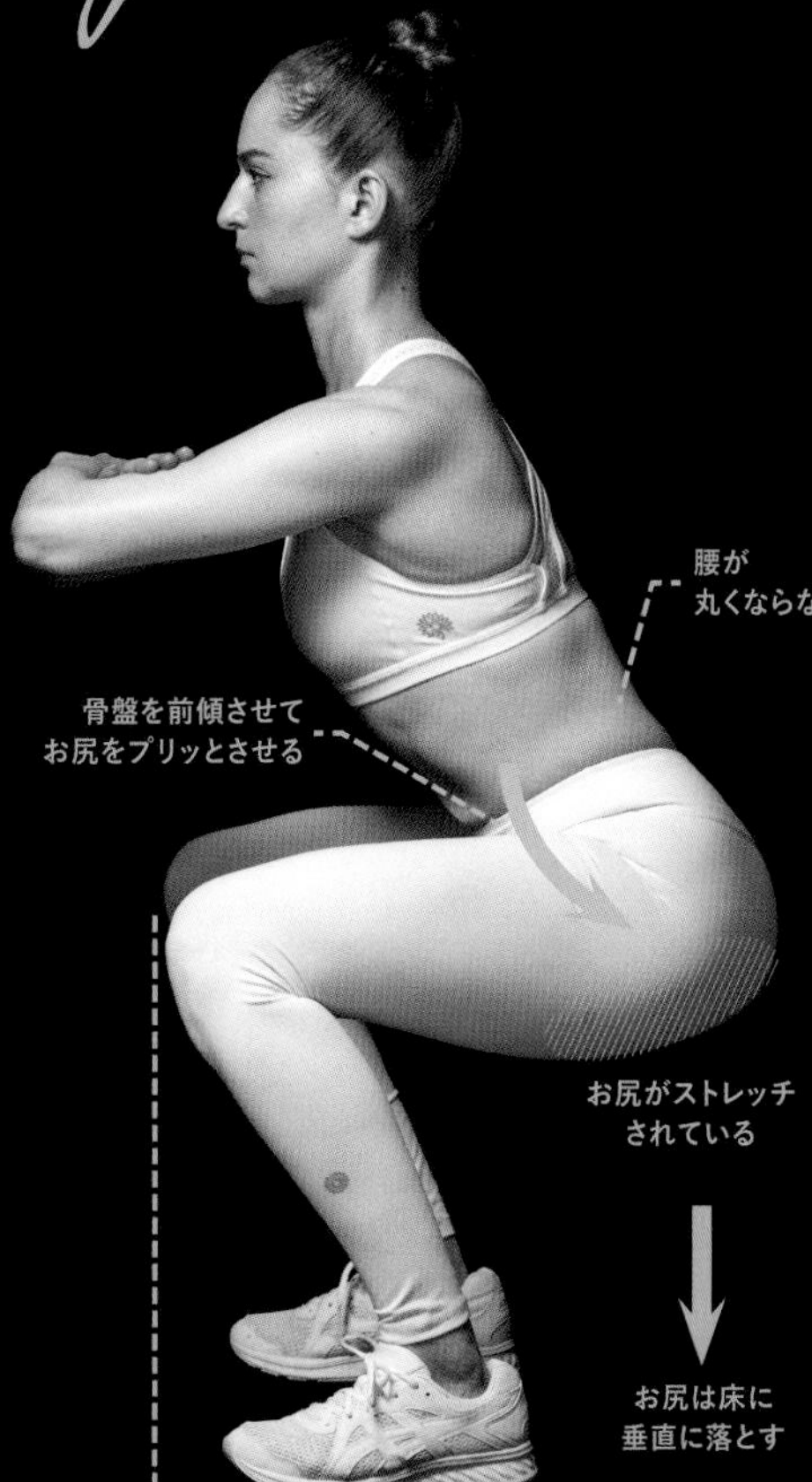

腰が丸くならない
骨盤を前傾させてお尻をプリッとさせる
お尻がストレッチされている
お尻は床に垂直に落とす
膝はつま先より出てもよい

2

腰を落としたら1秒止まり、お尻を締めて恥骨を前に出す意識で3秒かけて立ち上がる。10回×2セット。

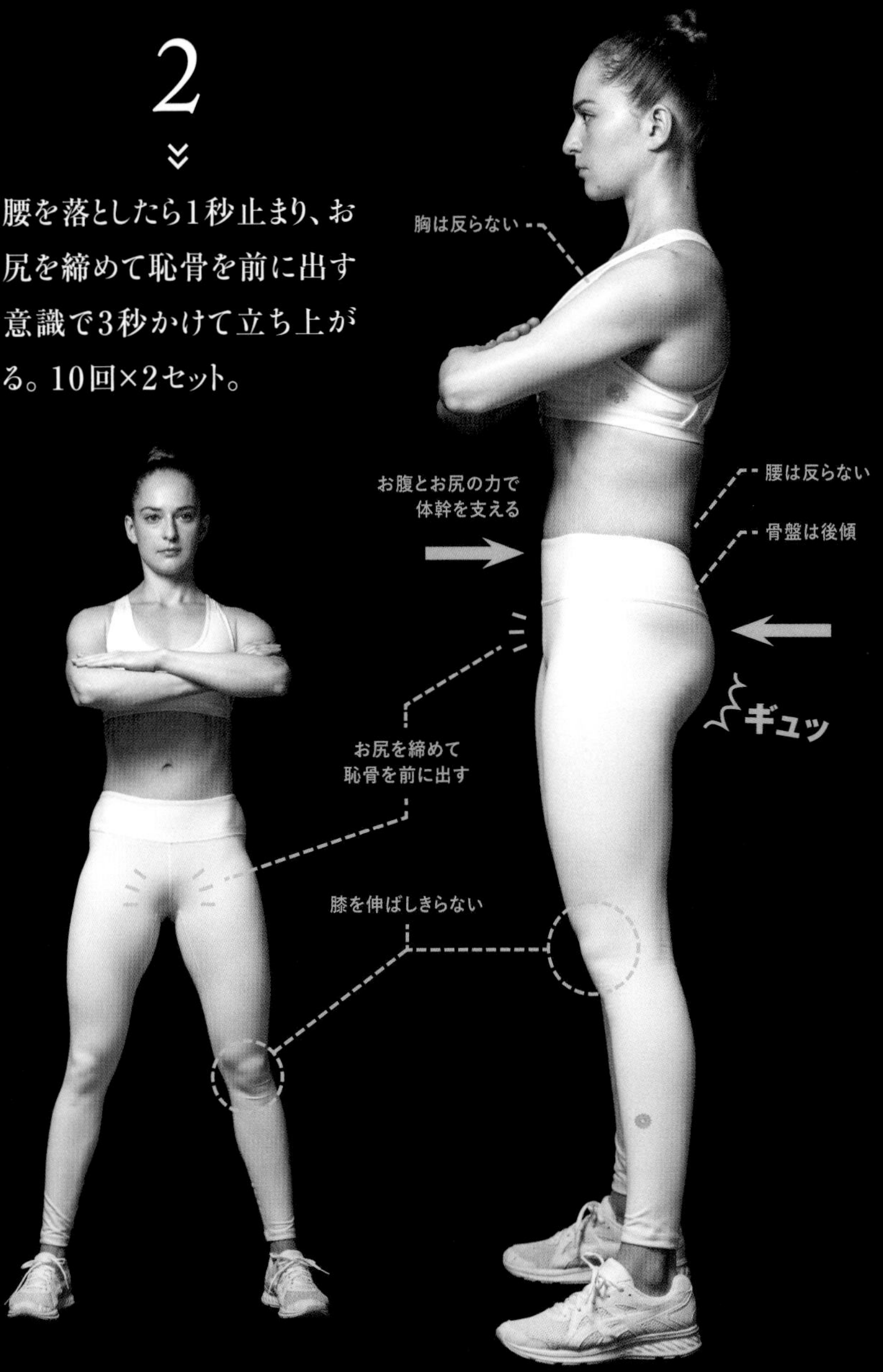
胸は反らない
腰は反らない
お腹とお尻の力で
体幹を支える
骨盤は後傾
ギュッ
お尻を締めて
恥骨を前に出す
膝を伸ばしきらない

お尻を突き出す がわからない人へ

なんでお尻を突き出すの?

お尻を突き出してなかったり、背中が丸まってしまったりすると、お尻ではなく、前ももや腰に負荷がかかってしまいます。お尻の筋肉である大臀筋や中臀筋への負荷が、前ももや腰より圧倒的に大きい、割合でいくと7：3(お尻・内もも・裏もも：前もも・腰）くらいで姿勢を保っていられるのがヒップアップを目的としたスクワットの方法です。

お尻をおろしてしゃがむとき、背中を丸めずに骨盤を前傾させます。股関節を曲げることを意識して床に垂直にお尻をおろすと、お尻に負荷がかかります。

立ったとき **恥骨を出す** がわからない人へ

なんで恥骨を出すの?

スクワットはしゃがむときに一番負荷がかかりますが、立ち上がるときも重要なトレーニングです。ただ立てばいいのではありません。立つときに膝を伸ばしきってももの力で立ったり、腰を反らせたりして勢いで立つのではお尻の筋肉はほとんど使えません。股関節の外旋を意識して、お尻を締めると、恥骨を前に出す感覚がわかります。

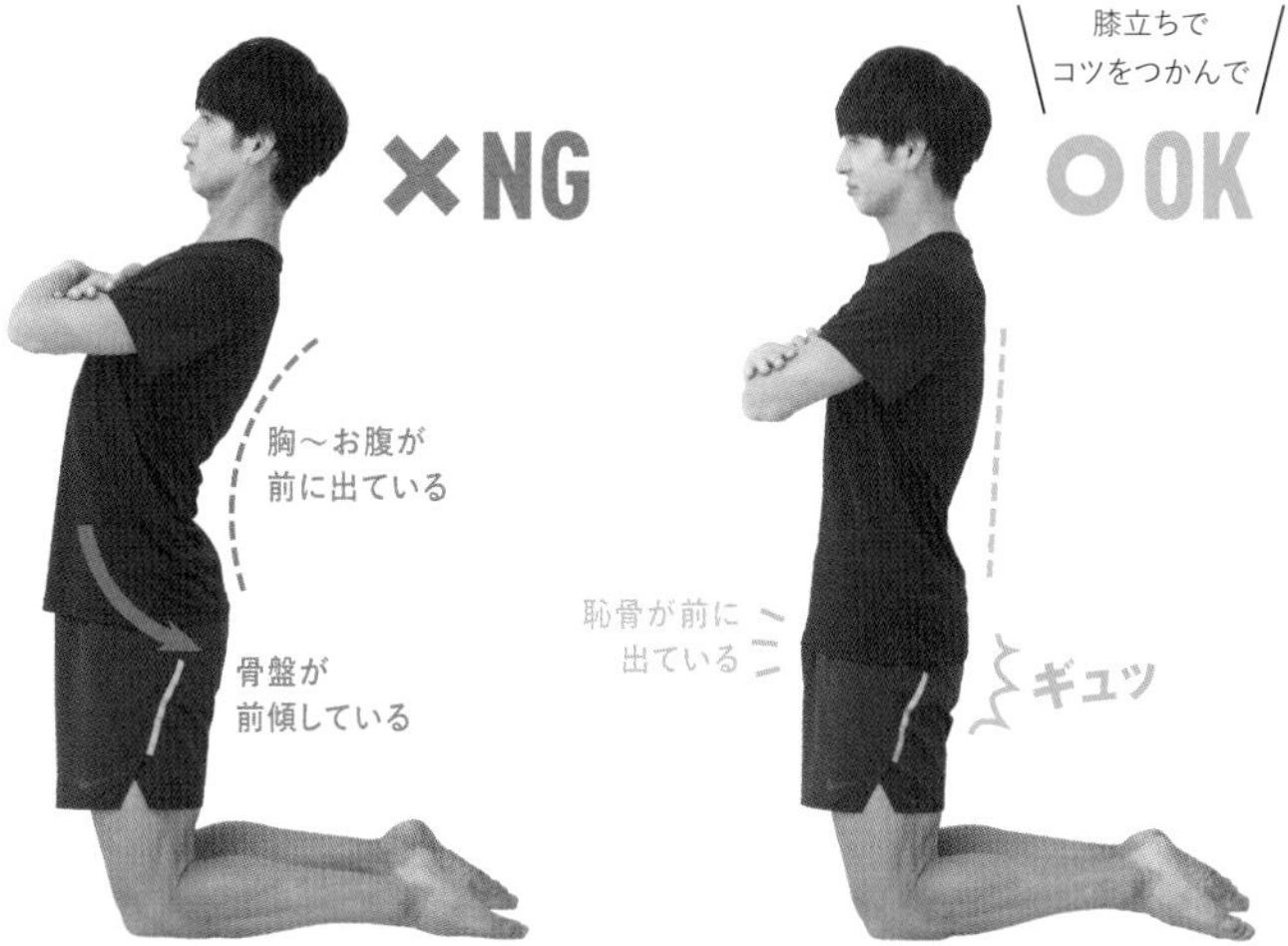

×NG
胸～お腹が
前に出ている
骨盤が
前傾している
膝立ちで
コツをつかんで
○OK
恥骨が前に
出ている
ギュッ

正座の姿勢から膝の力を使わずに、股関節を伸ばすイメージで立ち上がります。膝の力がないのでお尻を締める、恥骨を前に出す感覚がわかります。

お腹とお尻の力で押しあって体幹の壁をつくる

筋トレといっても筋骨隆々のたくましいカラダになるのが目的ではありません。あくまでも関節を正しい位置に戻して、つくべきところに筋肉をつけてボディラインを整えることが大切です。そのためには、1カ所だけに負荷がかかってしまうフォームは危険。

たとえば、スクワットなら前ももだけに効いてしまうと、ここだけが鍛えられて張り出してしまい、ムキムキの脚になってしまった……という失敗に陥るのです。

そこで大切なのが〝出力の調整〟。というとちょっと難しそうですが、**前ももの負荷を減らして、引き締めたいお尻の負荷を高めるフォームで行うことです。そのために必要なのが、使うべき筋肉と、それを支える筋肉で壁をつくることです。**

スクワットでいうと、体幹で壁をつくること。腹筋側から背中に押す力と、お尻からお腹側へ押す力で押しあって壁をつくります。片方が強いと、壁である体幹が安定せず膝が伸びきってしまい、前ももを使う力が圧倒的に優位になります。

壁ができていないと、太ももや腰で体幹の7割を支え、残りの3割のお尻でカラダを支えることになります。お尻の筋トレならお尻を7、太ももを3にして出力の調整をしたいのです。そのために壁をつくってお尻に負荷がかかるようにします。

動画で
CHECK

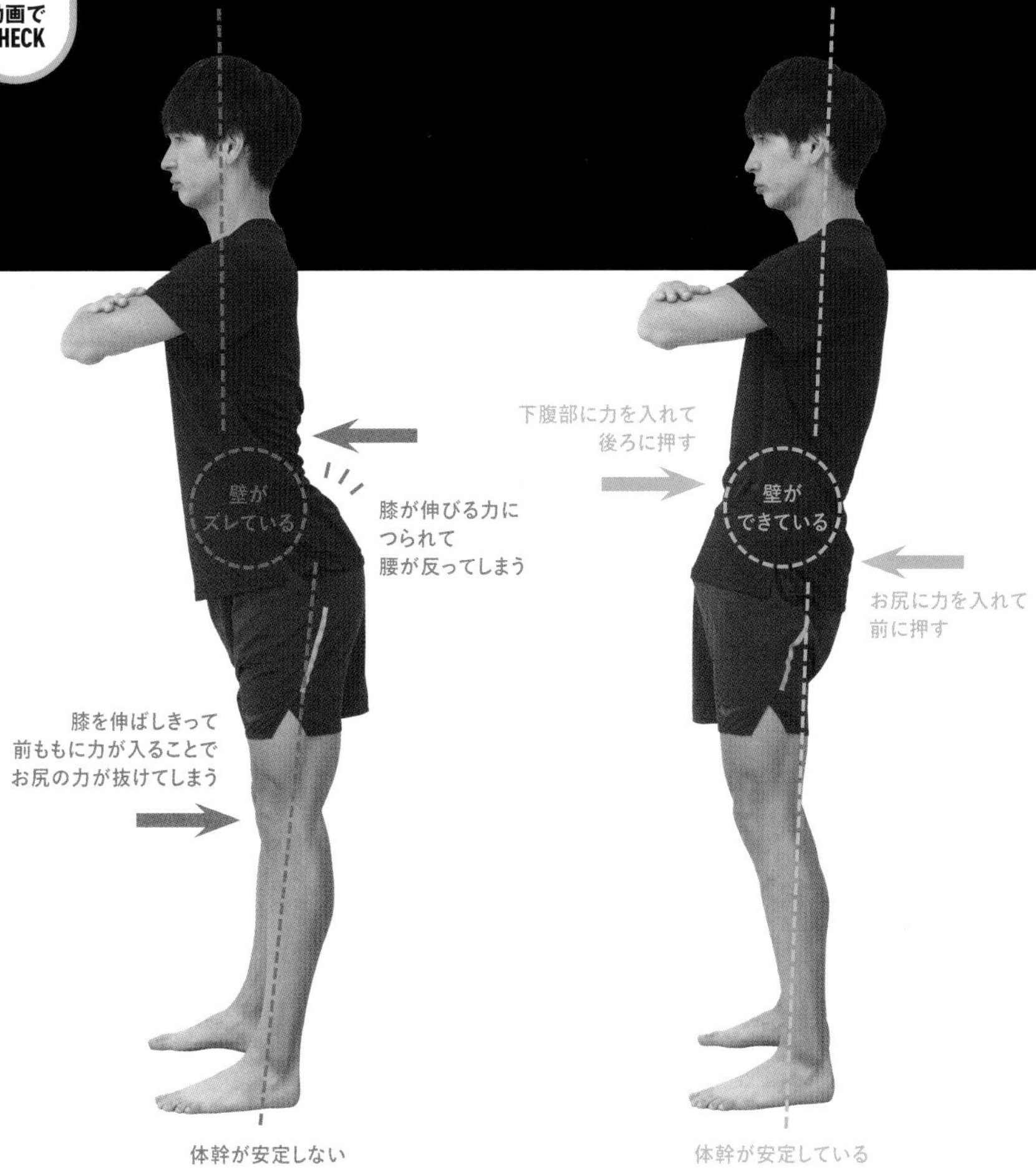
壁が
ズレている
膝が伸びる力に
つられて
腰が反ってしまう
膝を伸ばしきって
前ももに力が入ることで
お尻の力が抜けてしまう
体幹が安定しない
下腹部に力を入れて
後ろに押す
壁が
できている
お尻に力を入れて
前に押す
体幹が安定している

✕NG

お尻を締めていないと……

股関節を伸展しきれず、膝で立ち上がってしまい前ももに力が入ります。前ももに力が入ったまま、膝の屈伸運動をしているだけのような状態となり、前ももが張ってきます。

○OK

腹筋とお尻の出力調整ができていると……

スクワットで立つときに体幹に壁をつくるのが重要になります。お尻を締めてカラダを前へ押し出す力と、腹筋でカラダを後ろに押す力を拮抗させることで体幹が安定します。

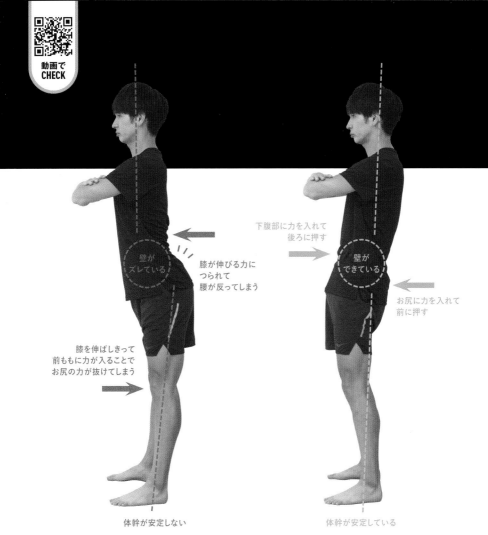

LEVEL UP

ワイドスクワット

動画でCHECK

Part1の
ワイドスクワット
解説を再チェック!

1

脚を肩幅より広めに開き、つま先は30°外に向ける。両手は胸の前でクロスし、3秒かけてお尻を突き出すように腰を落とす。

2

腰を落としたら1秒止まり、お尻を締めて恥骨を前に出す意識で3秒かけて立ち上がる。10回×2セット。

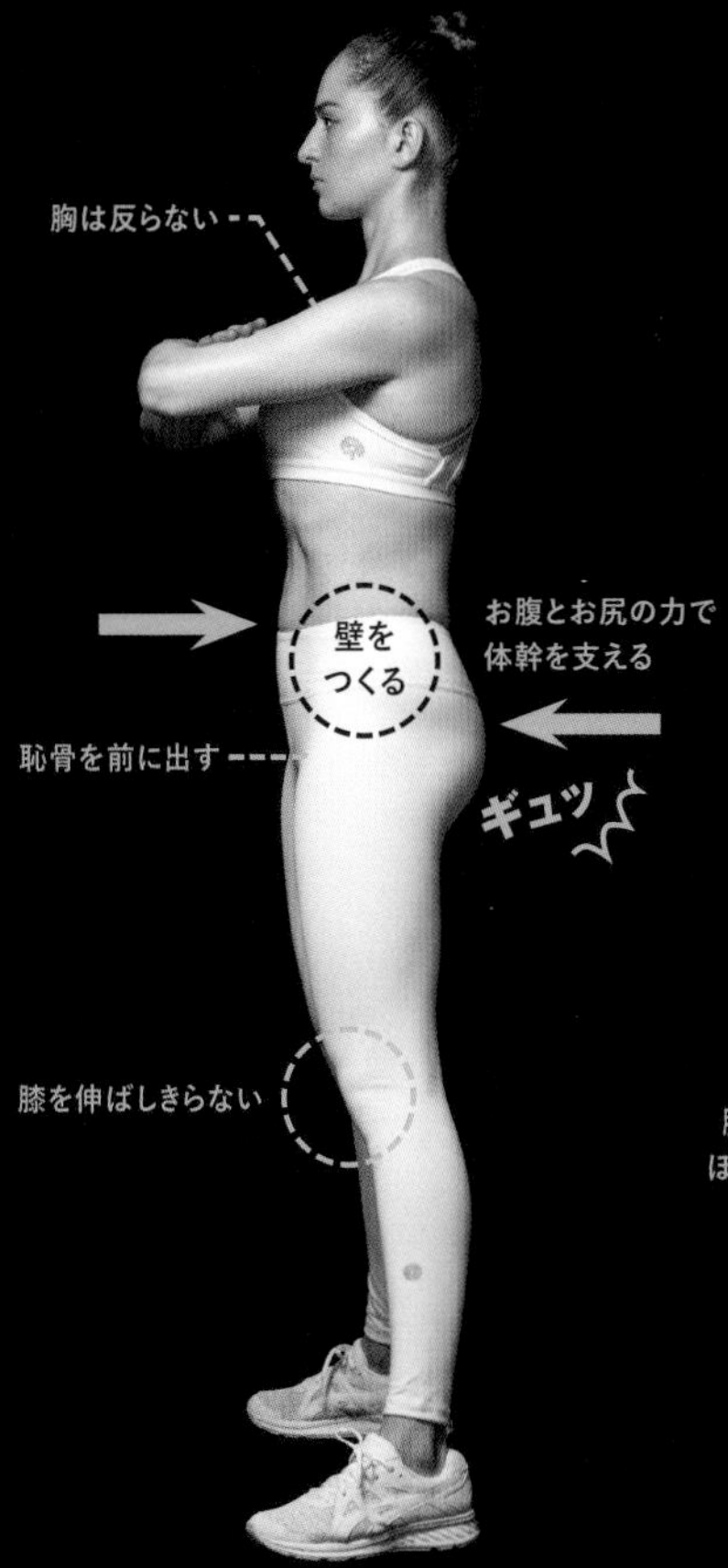

胸は反らない
壁をつくる
お腹とお尻の力で
体幹を支える
恥骨を前に出す
ギュッ
膝を伸ばしきらない

good!!
骨盤は
前傾させて
お尻をプリッと
腰は
丸くならない
膝は小指の
ほうに向ける
お尻は床に
垂直に落とす

えっ なぜ私はしゃがむ
ことができないの!?

スクワットの失敗例として最も多いのが、うまくしゃがめず、しゃがんだときに膝が内側に入ってしまうことです。膝が内側に入ることで、股関節が内旋してしまってお尻に負荷がかかりません。正しく床に垂直にお尻をおろせるようになるためには、裏ももをストレッチして伸ばせるようにする必要があるのです。

裏もものストレッチをやってみよう

❶長座をして左の膝は曲げる。
❷骨盤からゆっくりカラダを前に倒し、左手の指先を右足の小指側につける。片側60秒伸ばす。

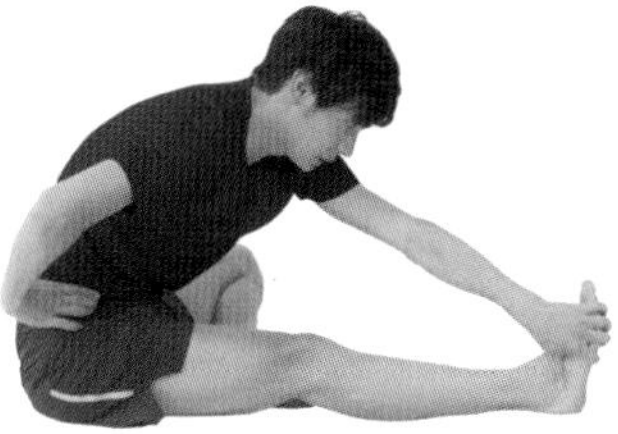

×NG
股関節が閉じてしまっている
前ももに負荷がかかる
正しい膝の位置
膝が内側に入っている

必ずやるヘタ筋トレ 2

ヒップリフト

動画で
CHECK

1

仰向けになり膝を立てて骨盤の幅程度、脚を開く。お尻を上げたときにかかとの上に膝がくるようにし、膝の角度は90°より小さく。

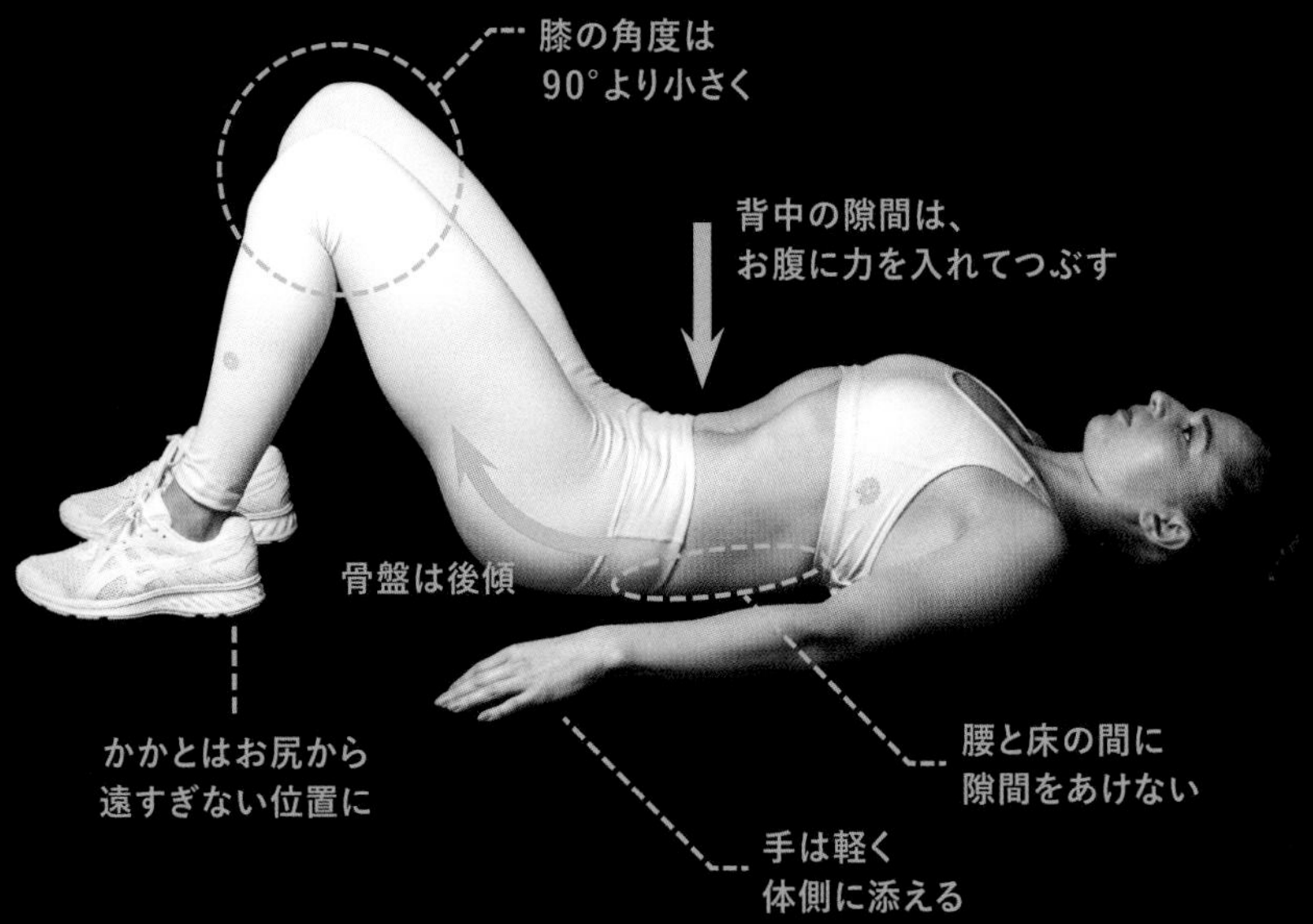

膝の角度は
90°より小さく
背中の隙間は、
お腹に力を入れてつぶす
骨盤は後傾
かかとはお尻から
遠すぎない位置に
腰と床の間に
隙間をあけない
手は軽く
体側に添える

寝た姿勢でも壁をつくって出力調整が必須!

2

骨盤を後傾させ、骨盤から順に尾てい骨をすくうように、お尻を4秒かけてゆっくり上げて3秒キープ。6秒かけて1の姿勢に戻る。5回行う。

お腹がポーンと
出ないよう
上腹部で押さえる
あごは引く
壁を
つくる
ギュッ
尾てい骨から順に腰、
背中と持ち上げていく
膝の真下に
かかとがくるように
おりるときは
背骨1つひとつを
順に床につけていく
お腹がポーンと出ない
ようにできれば
good!!

壁がつくれていない！

出力調整できていない人へ

ただ尻を上げればいいんじゃないの？

ヒップリフトの場合の壁もスクワットと同様にお尻と腹筋でつくります。お尻で突き上げる力と、腹筋で床の方向に押し付ける力が拮抗して壁ができて体幹が安定します。ところが壁がないと、背中を反らせてお腹を突き上げてしまったり、脚や手でカラダを支えてしまったりします。カラダが持ち上がっているのはお尻と腹筋の力です。

✕NG

**腰が痛いのは
出力の調整ができていない**

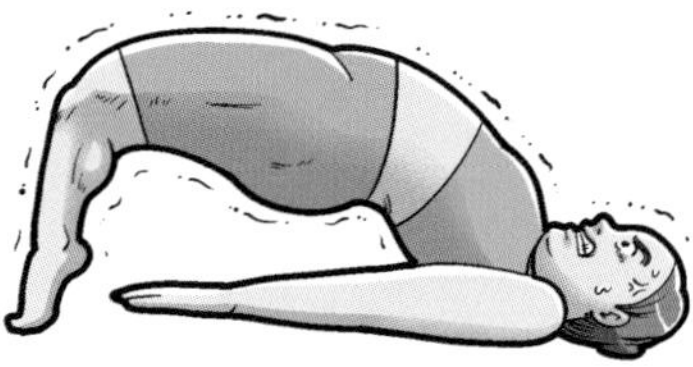

腰を上げたときに腰が痛いのは、腰を反らせているのが原因。これは反る力だけが強くて、お尻で上げる力、腹筋で押さえる力の調整不足です。

○OK

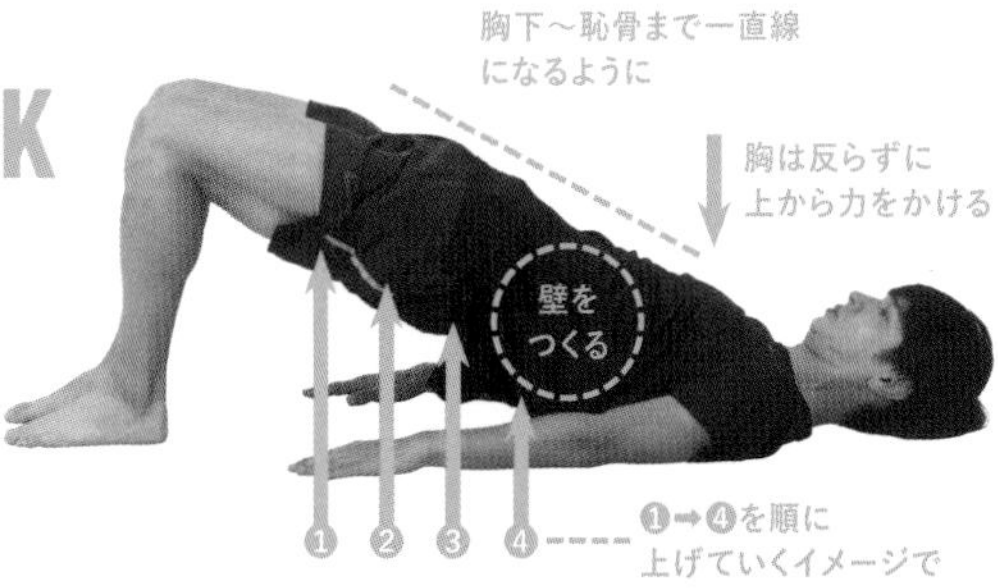

胸下〜恥骨まで一直線になるように
胸は反らずに上から力をかける
壁をつくる
1 2 3 4
❶➡❹を順に上げていくイメージで

うまく腰が上げられない

背中が一枚板状態になっている人へ

腰が痛いんですぅ

ヒップリフトを行う際に、尾てい骨から首の骨まで1つずつ順に持ち上げられない人は、腰を反ることでカラダを持ち上げてしまって腰を痛めてしまうのです。また背中が一枚板のようになっていて背骨の感覚が鈍っており、腹筋をうまく使うことができません。この筋トレの目的は"ヒップリフト"ですからお尻の筋肉を優位にして、カラダを持ち上げて腹筋で壁をつくらないと効果がないのです。

ロールダウンをやってみよう

❶長座をして手を前に出す。

❷骨盤を後傾にして、尾てい骨から首まで順に1つずつ背骨を床に落とす。このとき腹筋の上部には力を入れない。

背中が硬くて脚が
上がってしまう〜
×NG

背骨を1つひとつ
つけていくイメージ
4
3
2
1
❶→❹を順に
床につけていくイメージで行う

筋トレあるある

〜なぜブルガリアンスクワットをやりたがるのか〜

スクワットと言えばブルガリアンスクワット!!
筋トレ本にもよく載ってるし…
普通のスクワットより負荷が強いから、効率よくヤセられるのよね〜!!
やっぱり負荷が大事なんだよ負荷が!!
毎日続けるぞ〜ッ!!

動画で CHECK

どうせやるならヒップヒンジ

～お尻だけを確実に狙い打つ～

ビシッ
また前もも パンパンに なりますよ
も…森先生!!
どうせなら ヒップヒンジを やりましょう
ヒップヒンジ…!?
★教えて、森先生――…!!
①イスやベッド、ソファなどの前に立ち、体を倒したときに膝が止まるようにする。左足のつま先をイスの脚のところにおき、右足は左足の後ろに添える。
②お尻をプリッとさせながらおじぎをする。お尻や裏ももにストレッチがかかれば正解。右足に体重が乗ってしまったり、お尻が落ちないように。
裏ももに 効かせ ましょう!!
な…なるほど!!

ヒップヒンジ：3秒かけておじぎをし、1秒キープ。3秒かけて元の位置に戻る。10回×2セット。

背中は
丸めないで！

よくある間違い

✕NG

前ももや反対の脚に負荷がかかってしまう！

ヒップヒンジに多い失敗は、おじぎをしてお尻に負荷をかける際に、背中を丸めてしまって、お尻の位置が下がりすぎてしまうこと。これではお尻や裏ももにストレッチがかかりません！ また、右脚に体重を乗せてしまい、右脚ばかりが疲れてしまうのもダメです。

カラダが前に倒れないように台（イス・ベッド・ソファ）を使いましょう。

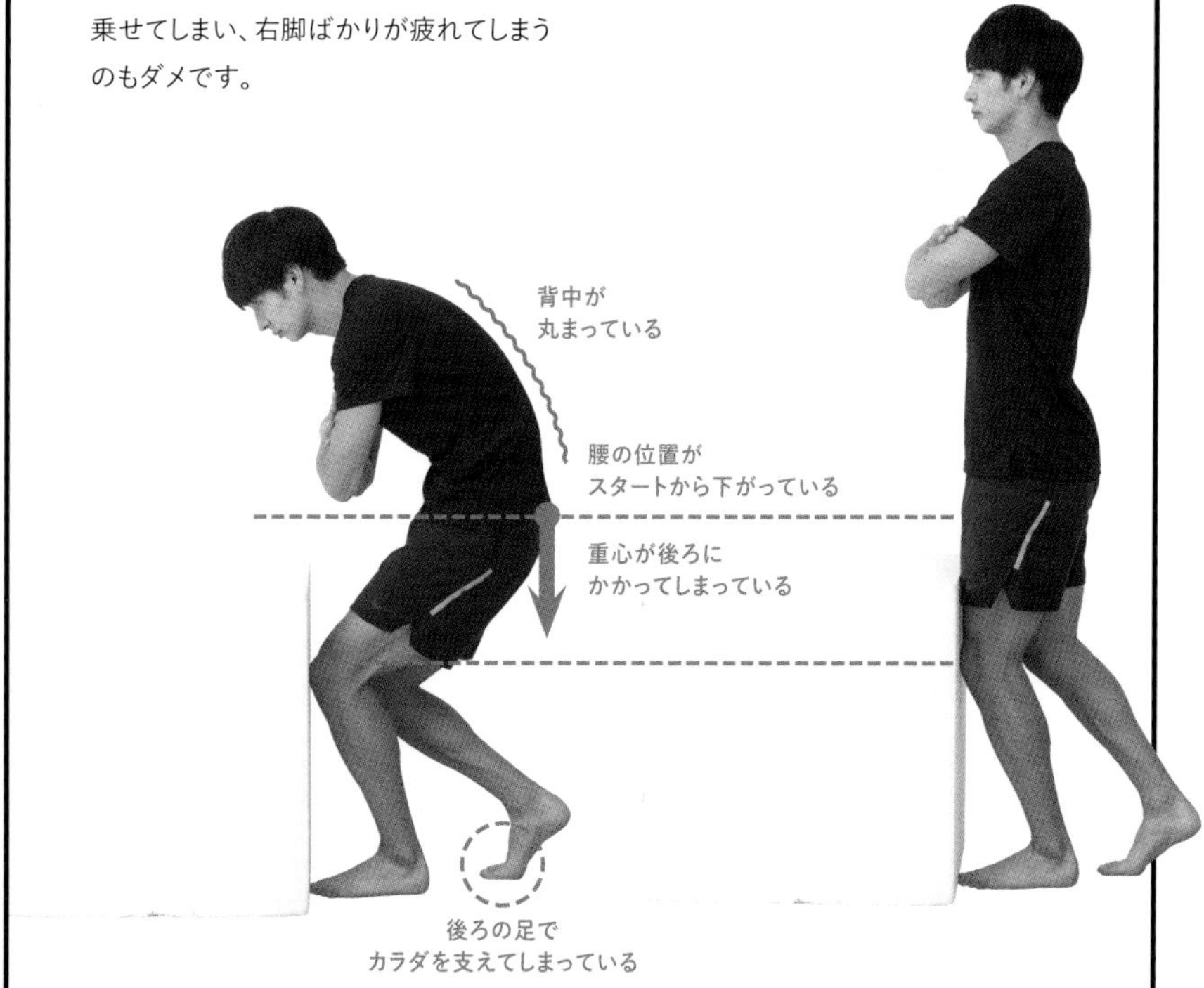
背中が
丸まっている
腰の位置が
スタートから下がっている
重心が後ろに
かかってしまっている
後ろの足で
カラダを支えてしまっている

ふんわりお腹、もうちょっと凹ませたいな～!!
たぷ
たぷ
そぉ～れ腹筋腹筋!!
なんなんすか

腹筋しても下腹に一切変化なし宿便……カナ★
先生、これであってますか――？

みんなが絞りたい！
「下腹部を凹ます」筋トレのベストは？

気になる部位に関するアンケートでは、お尻とほぼ同率で「下腹部」と回答された方が約70％もいました。

多くの人が気になるお腹は、実はどこよりも太りやすい部位。それは皮下脂肪、内臓脂肪、内臓下垂といった3つもの原因があるからです。

反対に、どうしたら落とせるかを知っていれば、一番ヤセやすい部位でもあります。しかし残念ながら皮下脂肪や内臓脂肪といった「体脂肪」は、筋トレだけでは効率的に落とせません。**食事や活動量でカロリーを調整することこそが最も効率的な方法なのです。**

ちなみに**下腹部をぽっこり見せてしまう最大の原因は内臓下垂です。**姿勢の悪さと、内臓を支える筋肉が弱くなってしまったことで、内臓が下垂して下腹部がぽっこり出てしまっている状態です。ぽっこりお腹は「ドローイン」と呼ばれるお腹を凹ませる動作に呼吸をしたときの圧力を組み合わせるトレーニングで解消します。呼吸によって、お腹の深層筋を鍛えて、内臓を元の位置へと引き上げるのです。

また、広がってしまった肋骨を閉じる「オブリーク」という動きでくびれをつくります。

つまめる脂肪があるなら筋トレだけで落とすのはムリ

体脂肪を落とすならやっぱり食事

手でしっかりとつまめる脂肪は、残念ながら筋トレだけでは落とせません。筋トレをすると筋肉が発達してハリが出てきて、リフトアップして見えますが、**その上にのっている脂肪が落ちるのとは全く別問題です。脂肪が多くなっているのは、摂取カロリーが消費カロリーを上回った結果。**食べたものは、活動に必要な分はエネルギーとして消費されますが、**それ以上の余った分は脂肪細胞に蓄えられてしまいます。**これが皮下脂肪と内臓脂肪を合わせた体脂肪です。

では脂肪を減らすには、どうすればいいのか。それはアンダーカロリーの状態にすることです。つまり**消費カロリーより摂取カロリーを低くしなければならない**ので、運動をしない人ならなおさら摂取カロリーに気をつけなければなりません。

体脂肪1kgには7200㎉ものエネルギーが蓄えられていて、100gを落とすだけでも720㎉もの消費が必要になります。ランニング30分で消費できるのは約200㎉で、ピザ一切れ分がやっと消費できる程度。筋トレは種目や休憩時間にもよるので一概にはいえませんが、ランニング以上にエネルギーの消費は稼げ

ません。このように、**運動だけでエネルギー収支をアンダーカロリーにするのは難しいので、食事とうまく組み合わせることがとても重要なのです。**

とはいえ、極端な食事制限＋ハードな運動をするとリバウンドの可能性が高くなります。**女性なら、目安の摂取カロリーは1500〜1700kcal程度で、主食（炭水化物）、主菜（たんぱく質）、副菜（野菜や海藻など）をしっかり食べ、不要なお菓子や清涼飲料水、アルコールを避けるだけでOK。**そこに、1日7000歩以上の歩行を含めた活動量を地道に維持するだけでもアンダーカロリーにできます。この中で食事内容をアレンジしたり、活動量を増やしたりといった調整は必要かもしれませんが、どちらかに極端に傾いたり、腹筋運動だけという最も非効率的な方法でお腹を凹ませようとするのはやめましょう。

筋トレでウエストを絞る方法は2つある

内臓下垂による下腹ぽっこりは「ドローイン」で凹ませる

脂肪は食事でしか落とせないけれど、筋トレでお腹まわりの見た目を変えるには2つの方法があります。**1つは「ドローイン」をして下垂した内臓を引き上げること、もう1つは肋骨を閉じてくびれをつくることです。**

ドローインとは「引き込む」という意味があり、体幹をベルト状に包んでいる腹筋を収縮させることで、お腹を凹ませる動作のことをいいます。

そもそもなぜ内臓は下垂するのでしょうか。胃や腸などの内臓は、本来筋肉によって正しい位置に支えられています。その筋肉をあまり使わなかったり、栄養不足によって筋力が低下してしまったりすると重力に逆らえず、下垂します。上腹部はそうでもないのに下腹部が出ているのは内臓下垂のよくあるタイプ。**内臓下垂による下腹ぽっこりは、内臓を正しい位置に戻せば改善できます。**

呼吸によって4つの深層筋が連動します。カラダを左右からベルトのように支える腹横筋、内臓を下から支える骨盤底筋群、呼吸によって上下する横隔膜、背骨の周りの筋肉の深層にある多裂筋です。これら4つの筋肉をインナーユニットとい

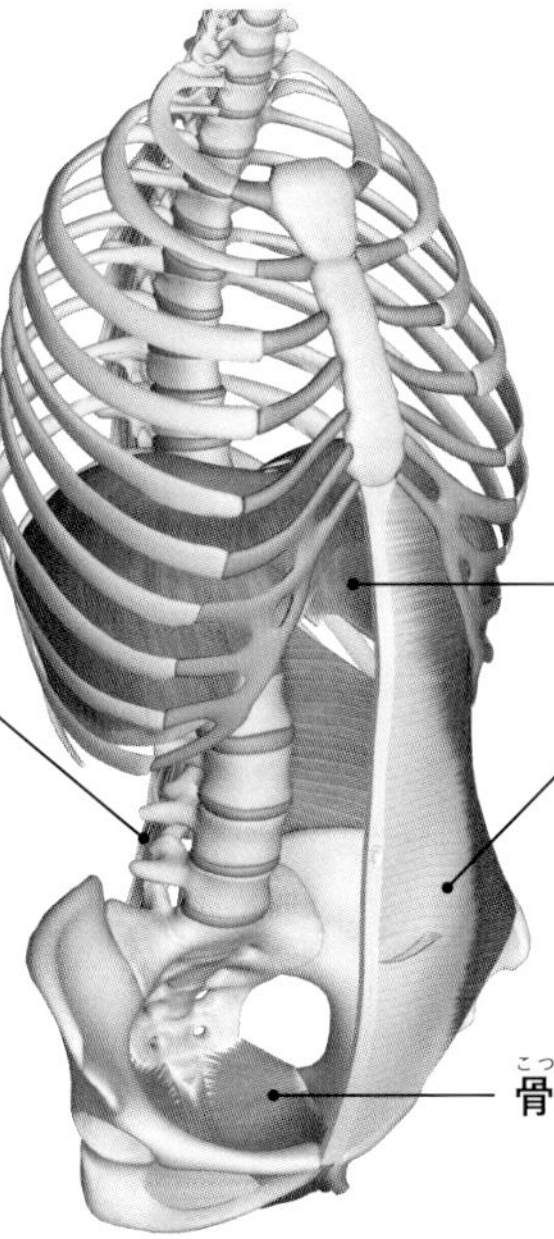
体幹のコルセットになる
4つのインナーユニット
横隔膜《おうかくまく》
多裂筋《たれつきん》
腹横筋《ふくおうきん》
骨盤底筋群《こつばんていきんぐん》

い、**4つが同時に働くと体幹を支えるコルセットのような役割をし、下腹部に逃げていた内臓が正しい位置に引き上がるのです。**

ドローインといっても方法はいろいろありますが、今回紹介するのは息を吸うときも吐くときも、お腹を凹ませた状態を保つ方法です。

息を吸う際、ウエストのキツいパンツのベルトを絞めようとするときのようにお腹を引き上げたまま、胸に空気をたくさん入れます。肋骨が大きく横に広がっていれば正解です。この引き上がった薄いお腹を維持したまま、息を吐いて肋骨を閉じていこうとすると、おへその下あたりに強く圧を感じられます。

これを行うことで腹壁が強くなり、内臓の引き上がった状態を保ちやすくなります。

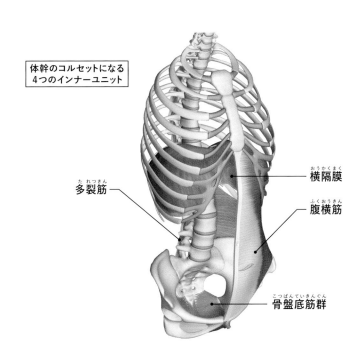

ハの字に広がった肋骨の下部を閉じる

気になるお腹まわりの筋トレ。そのもう1つの方法は**腹斜筋を効果的に使って肋骨の下部を閉じ、くびれをつくることです。**

そもそも「肋骨が開いている」という人はどういった状態にあるのでしょうか。多くの場合、「反り腰」と称されている、一見姿勢のよい人たちがまさにその状態といえます。65ページの右の図のように、立っているときに、ももに力が入り腰が反って胸を前に突き出してしまっていると、肋骨が左右に開いたようになってしまいます。この反り腰、実は**腰といっても、腰の上部と背中との中間あたりを反ってしまっているのが特徴です。**

こういった人はさらに背中の上部が丸まって猫背になり、頭が前に出る「ストレートネック」や、肩が前に出る「巻き肩」などにもなっていることがよくあります。

そうすると、本来鳥かごのような形でまっすぐ垂直に向いている肋骨が、後傾したように倒れてしまい、**みぞおち周辺の下部がパカッと開いたような状態**になってしまいます。

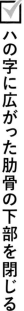

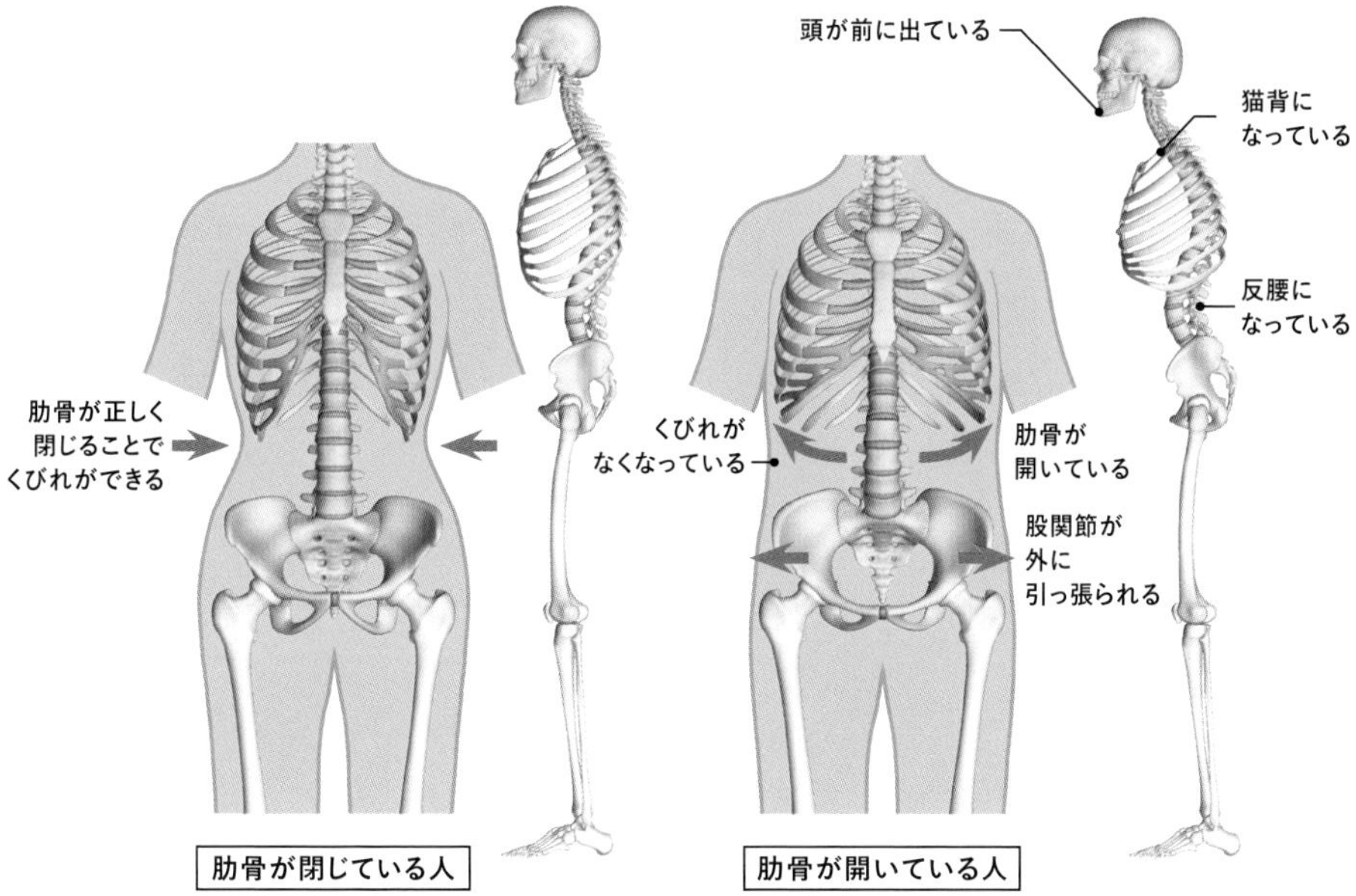
頭が前に出ている
猫背になっている
反腰になっている
肋骨が正しく閉じることでくびれができる
くびれがなくなっている
肋骨が開いている
股関節が外に引っ張られる
肋骨が閉じている人
肋骨が開いている人

こういった土台（骨格）に脂肪がつくと、くびれはできづらく、背中や腰の肉はたるみ、バストは低い位置で外に広がって見えます。また、アンダーバストが物理的に広がるので、トップとアンダーの差が小さくなってバストもサイズダウンします。

肋骨の下部が閉じて正しいポジションに戻ると、多くの女性が期待する〝くびれ〟が手に入ります。

肋骨下部が閉じると、くびれの上の部分がつくられるのです。これを支えているのが腹斜筋です。

そして、肋骨の下部はアンダーバストの位置でもあるので、ここが閉じるとアンダーバストが締まり、バストトップとの差が明確に出やすくなるという相乗効果も。

バストトップも前側を向きやすくなり、形のよいバストをつくることができます。

必ずやるヘタ筋トレ 3

ドローイン

動画で
CHECK

1 » 仰向けになり膝を立て、5秒かけて鼻からゆっくり息を吸って胸に空気を入れ、お腹を薄くする。

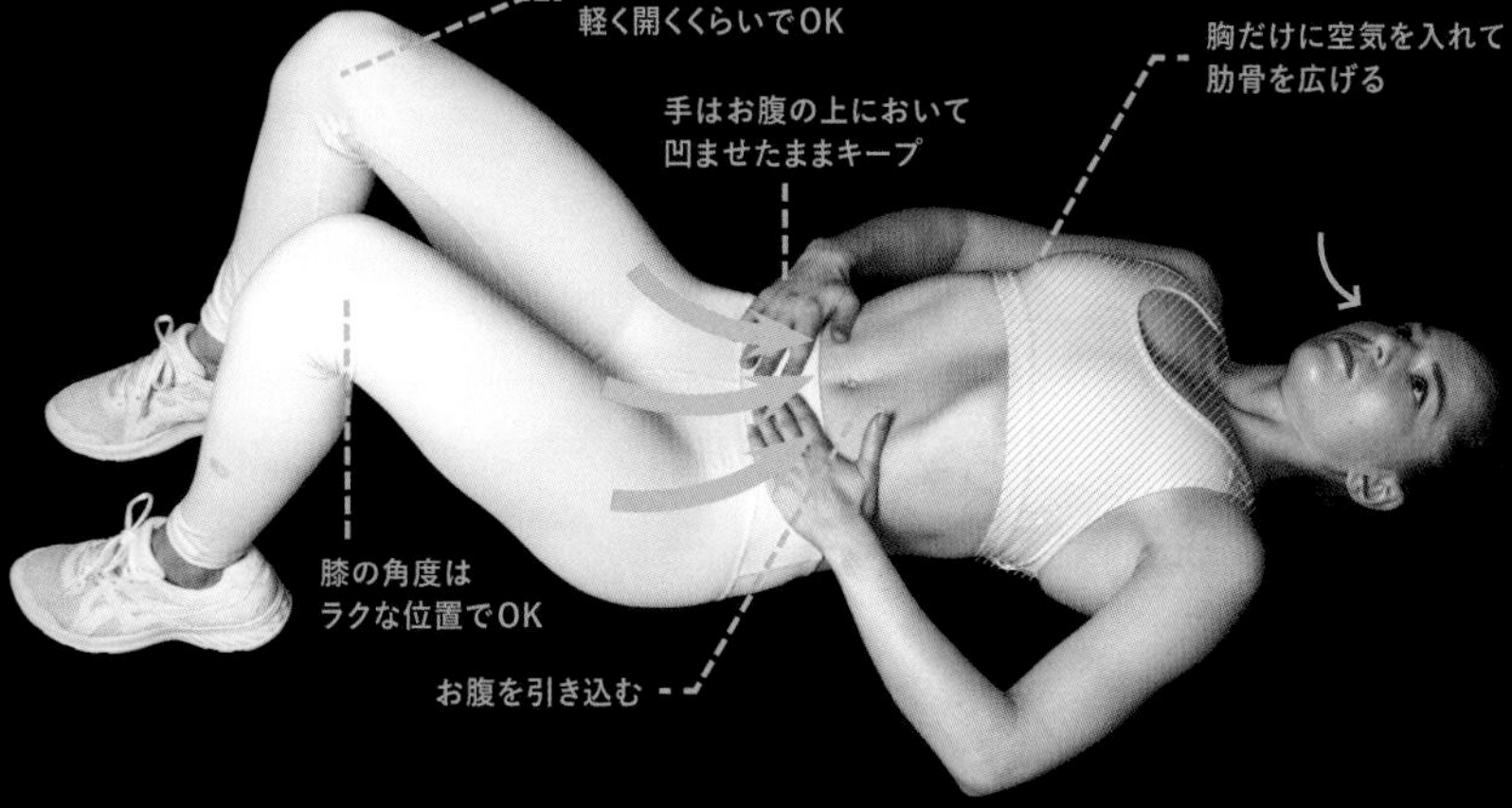
膝、つま先は
軽く開くくらいでOK
手はお腹の上において
凹ませたままキープ
胸だけに空気を入れて
肋骨を広げる
膝の角度は
ラクな位置でOK
お腹を引き込む

2 » お腹を凹ませたまま、5秒かけてゆっくり口から息を吐ききる。次に息を吸うときもお腹は凹ませたまま。吐くときにさらにお腹を凹ませていく。10回行う。

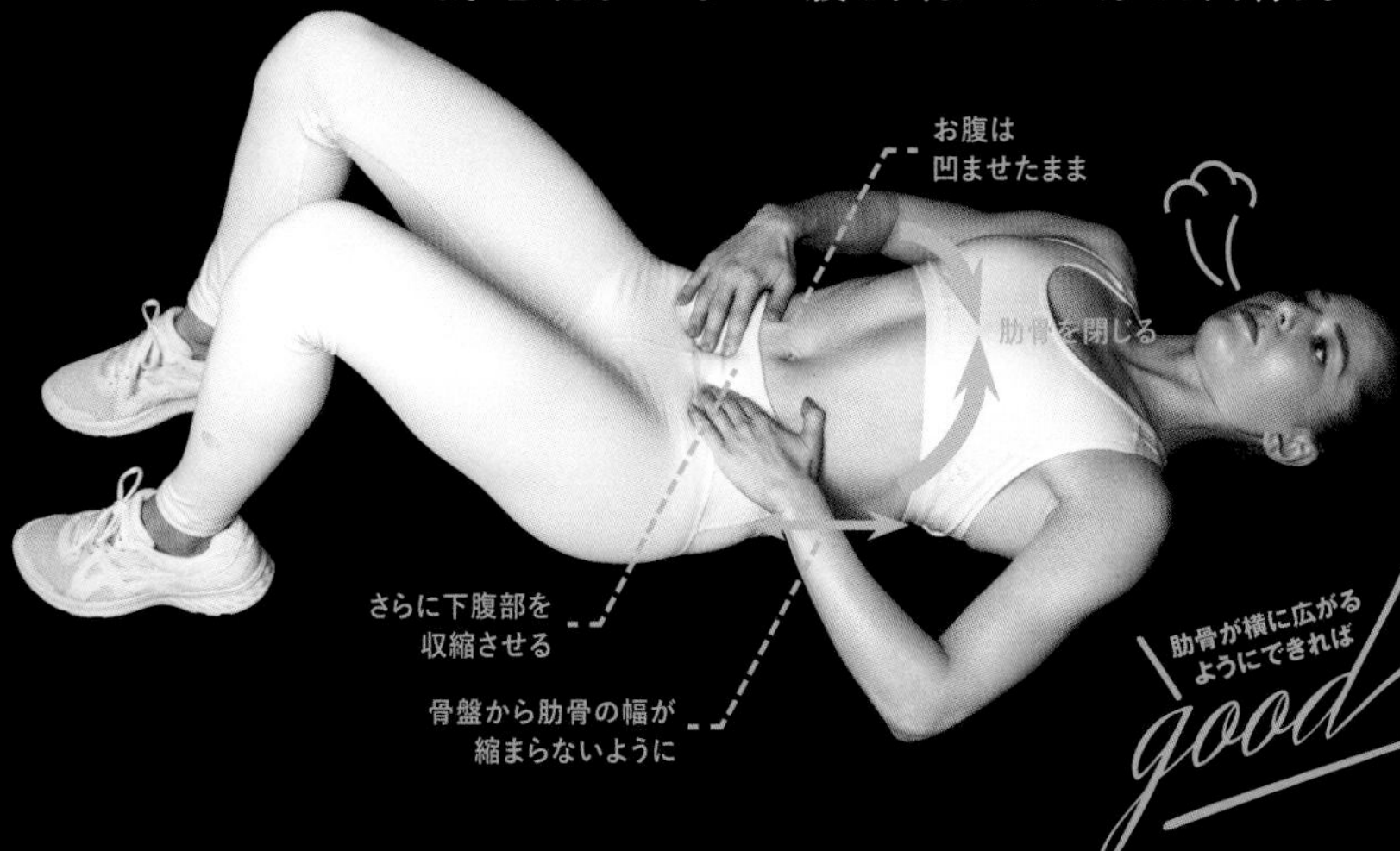
お腹は
凹ませたまま
肋骨を閉じる
さらに下腹部を
収縮させる
骨盤から肋骨の幅が
縮まらないように
肋骨が横に広がる
ようにできれば
good!!

空気を胸のほうに入れるのはなぜ?

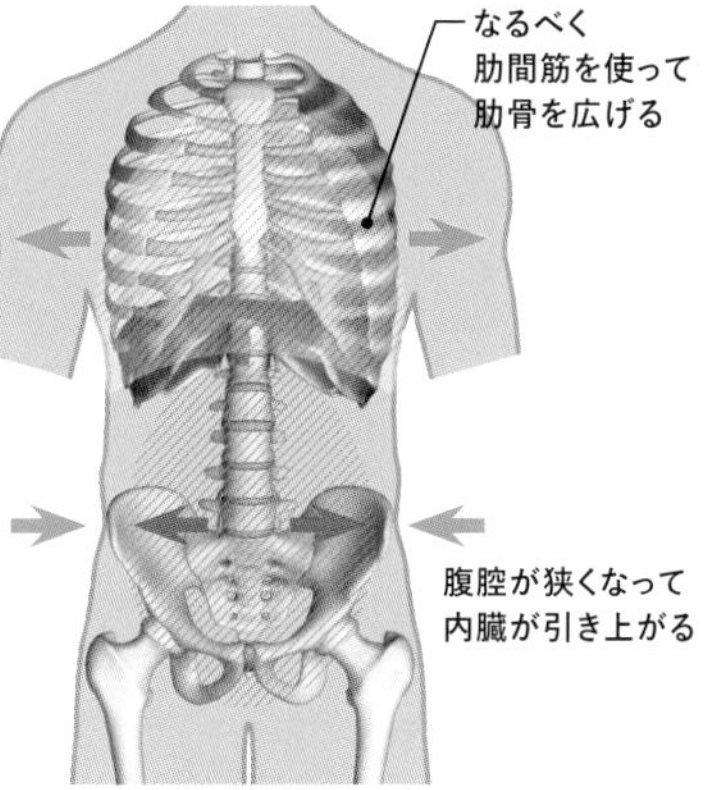
なるべく
肋間筋を使って
肋骨を広げる
腹腔が狭くなって
内臓が引き上がる

吸う

普段使わない背中や脇にも空気が入る

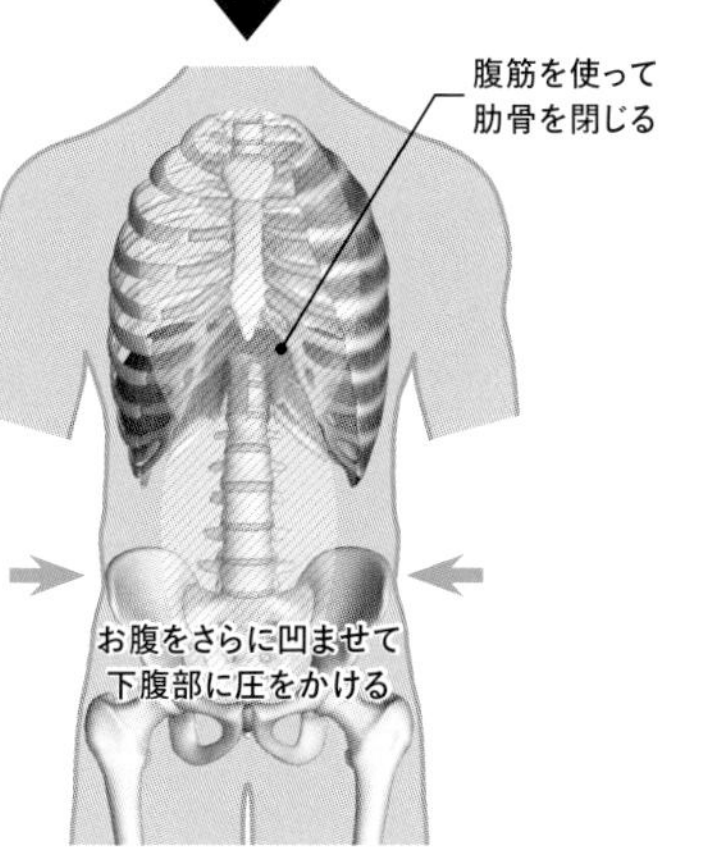
腹筋を使って
肋骨を閉じる
お腹をさらに凹ませて
下腹部に圧をかける

吐く

空気が抜けて肋骨が閉じる

肋間筋を使って肋骨を大きく広げる

呼吸は肋間筋と横隔膜の2つの筋肉を使って行いますが、胸式呼吸を行う際は、横隔膜よりも、なるべく肋骨を開く肋間筋を使って呼吸します。内臓のある腹腔《ふくくう》はなるべく狭くして、普段使いきれていない肋間筋にまで刺激が入るよう、胸腔《きょうくう》を大きく開き空気を入れていきます。

お腹の緊張を抜かないように息を吐く

息を吐くときに腹腔の緊張は緩めず、体幹をベルトのように取り巻く深層筋である腹横筋と腹斜筋を使ってさらに強くお腹を凹ませます。腹腔が狭くなると、内臓が本来の位置に戻ります。お腹をベルト状に取り巻くこの筋肉で壁をつくり、内臓が下垂しないように支えるのです。

必ずやるヘタ筋トレ 4

膝立ちオブリーク

動画で
CHECK

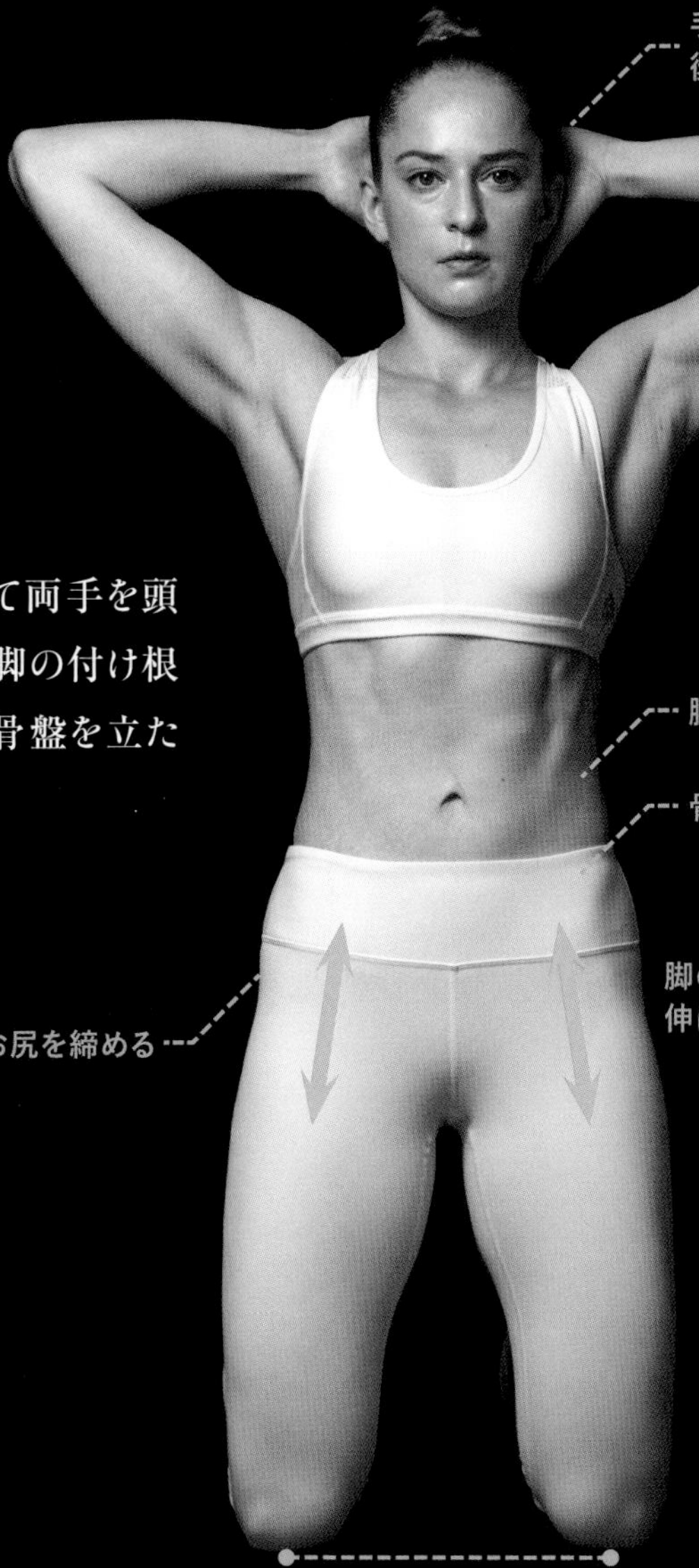
手は頭の
後ろで組む
腰は反らない
骨盤を立たせる
脚の付け根部分を
伸ばす
お尻を締める
膝は骨盤幅

1

床に膝立ちをして両手を頭の後ろで組む。脚の付け根部分を伸ばし、骨盤を立たせる。

立った姿勢なら壁をつくりやすい！

背中だけ丸める
肩全体をひねるように
壁をつくる
肘を腰に
向けるように
腰ごとひねらない。
少し反対側に向ける意識でOK
ウエストだけを
絞って行えたら
good!!

2

背中を丸めながら左の肩を右の腰に向けて4秒かけてねじり、1秒キープ。4秒かけて1の姿勢に戻る。右10回、左10回行う。

LEVEL UP

オブリークツイスト

動画でCHECK

1

長座をして軽く膝を曲げ、頭の後ろで手を組む。カラダを少し後ろに倒して骨盤を後傾にする。

肘は前に出さない
膝は軽く曲げる
60°
骨盤は後傾

2

背中を丸めながら左足を上げ、左の膝と右の肘を近づけたら1秒キープ。左10回、右10回行う。

good!!
肘は開いたまま
背中を丸める
脚を上げすぎない
60°
骨盤は後傾させたまま

よくある間違い

✕NG

わき腹に効いている感覚がわからない人はココが違う！

スタートポジションで骨盤の後傾ができておらず、カラダが立ちすぎていると、腹斜筋には全く効きません。背中がまっすぐなままで肘と膝だけをくっつけようとするのではなく、背中を丸めながら対角の肋骨と骨盤を近づけるように意識することが大切です。

肋骨だけをひねって！

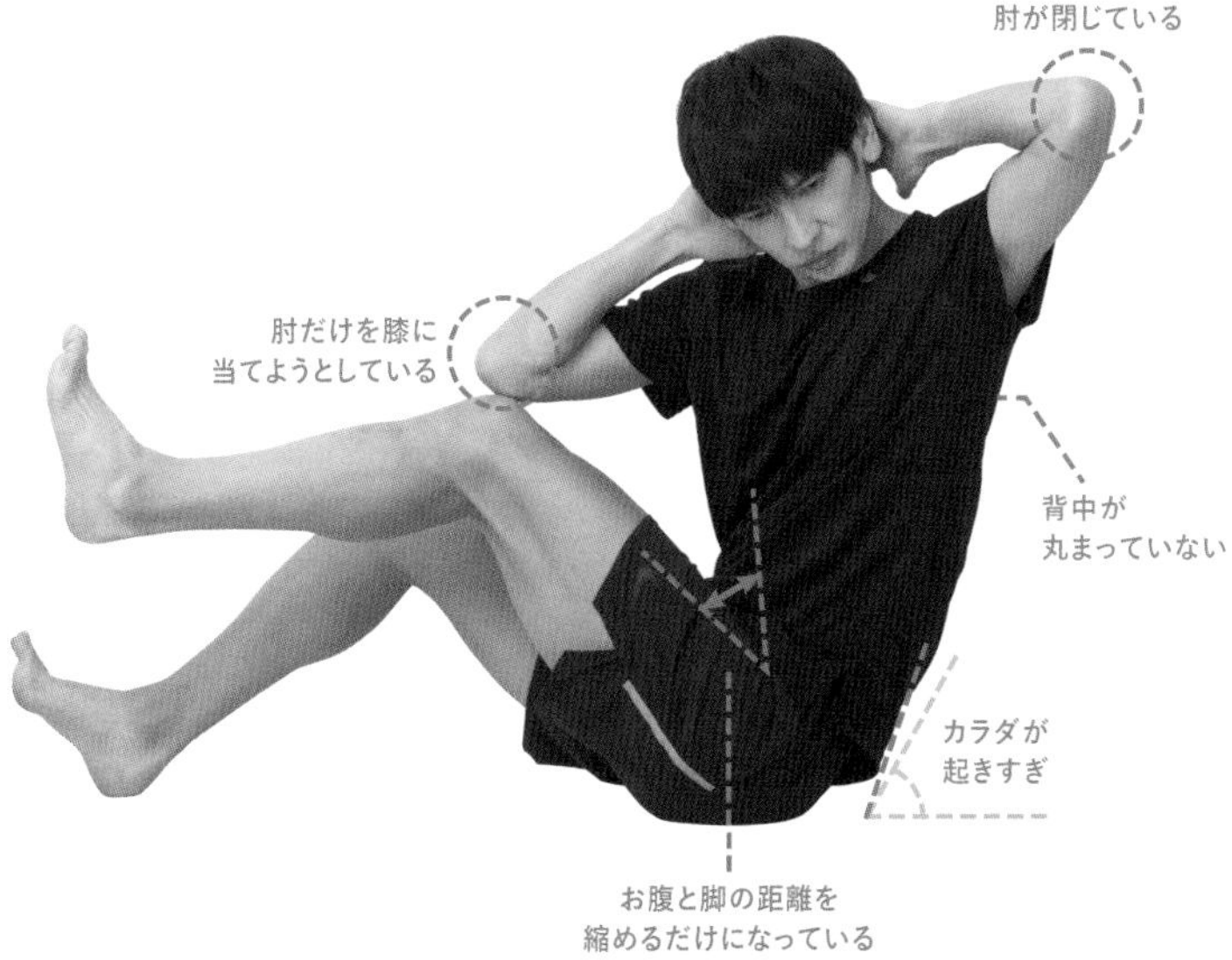
肘が閉じている
肘だけを膝に当てようとしている
背中が丸まっていない
カラダが起きすぎ
お腹と脚の距離を縮めるだけになっている

筋トレあるある

～なぜレッグレイズをやりたがるのか～

動画で
CHECK

どうせやるならリバースクランチ

～リバースクランチで確実に腹筋を狙う～

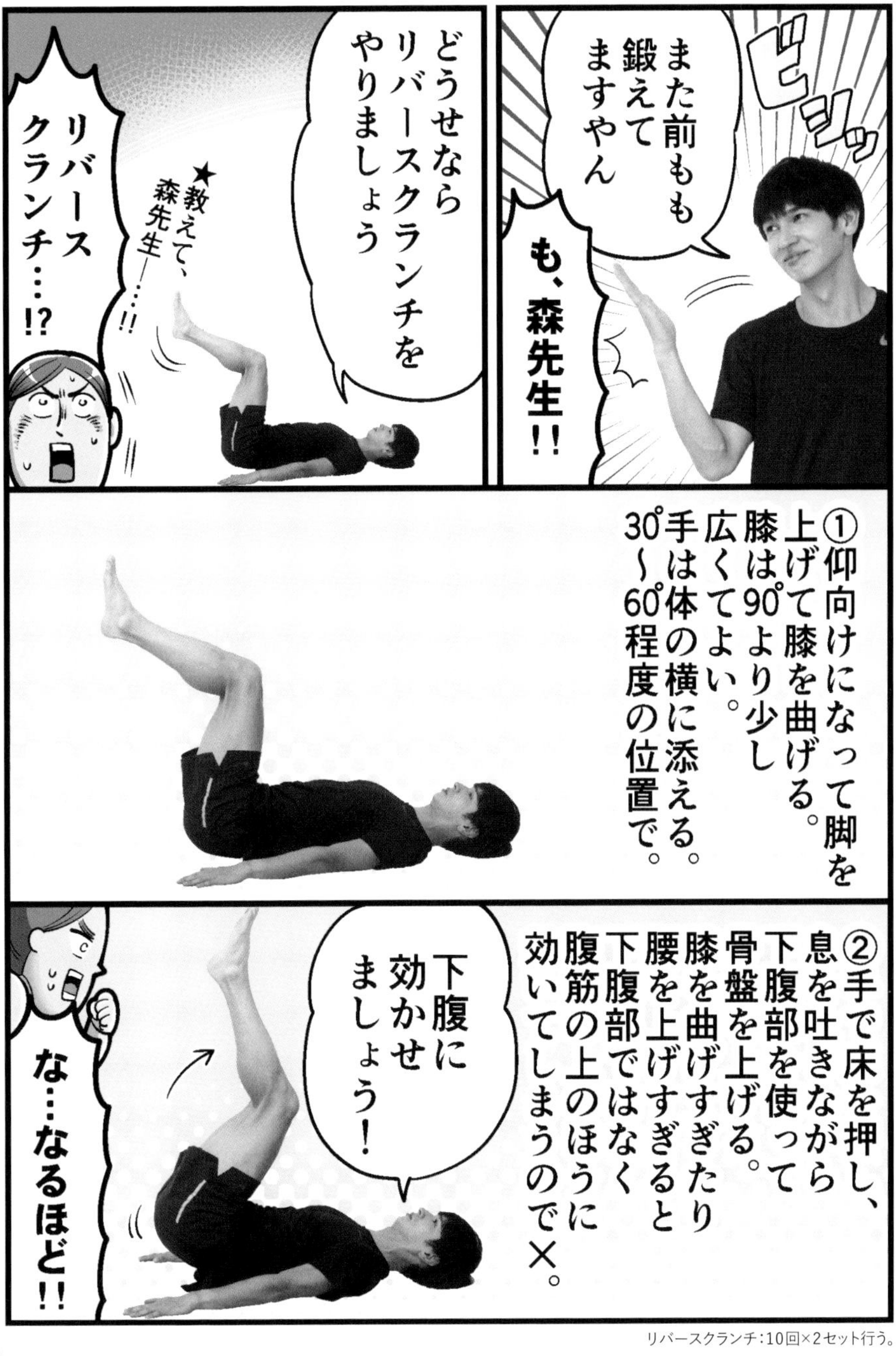
ビシッ
また前もも鍛えてますやん
も、森先生!!
どうせならリバースクランチをやりましょう
★教えて、森先生ーー…!!
リバースクランチ…!?
①仰向けになって脚を上げて膝を曲げる。膝は90°より少し広くてよい。手は体の横に添える。30°～60°程度の位置で。
②手で床を押し、息を吐きながら下腹部を使って骨盤を上げる。膝を曲げすぎたり腰を上げすぎると下腹部ではなく腹筋の上のほうに効いてしまうので×。
下腹に効かせましょう!
な…なるほど!!

リバースクランチ：10回×2セット行う。

お尻だけを
上げて！

よくある間違い

×NG

上腹部ではなく
下腹部を意識すれば
動きは小さくてもOK

リバースクランチは、腹筋の下部を使って骨盤を持ち上げることを目的としています。ですので腰を浮かせる動きは小さくてOK。大きく動こうとして、腰を浮かしすぎて脚を上げると、腹筋の上部を使うことになり、下腹の引き締めには残念ながらなりません！

上腹部に
軸がきている
肩に力が入っている
腰を浮かせすぎている
手で床を押す力による
反動を利用している

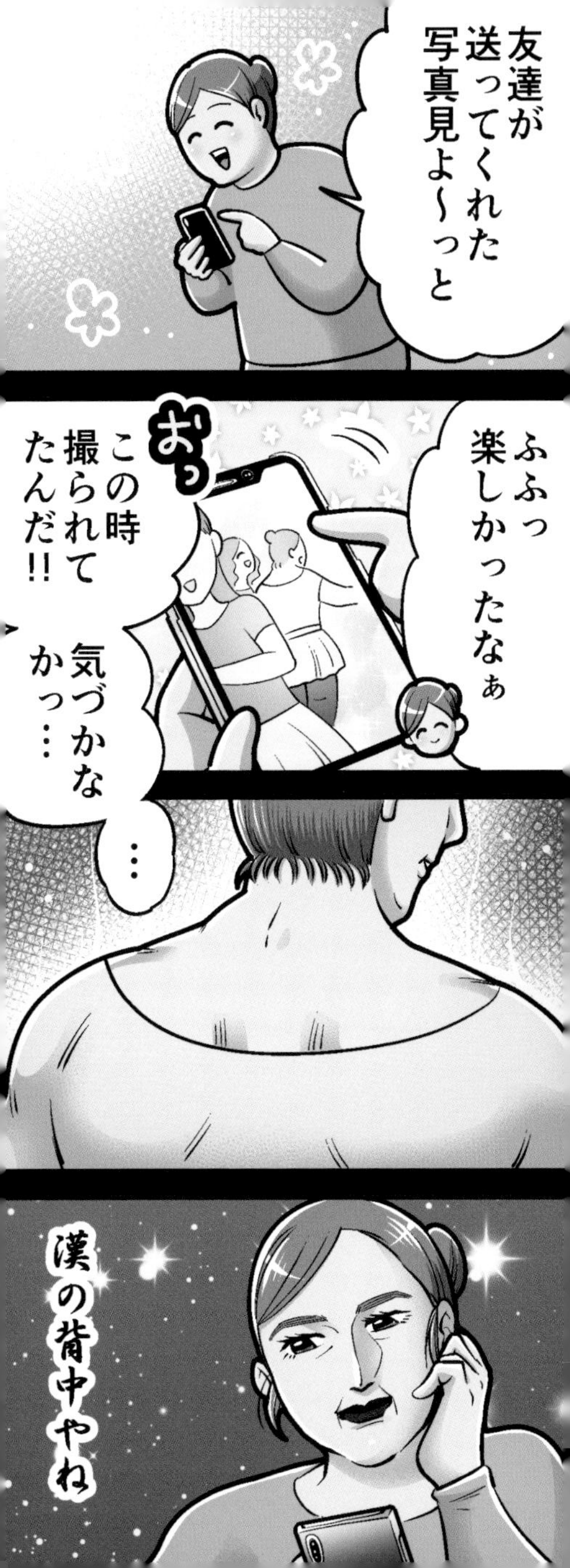

友達が送ってくれた写真見よ〜っと
ふふっ楽しかったなぁ
おっ
この時撮られてたんだ!!
気づかなかっ…
…
漢の背中やね

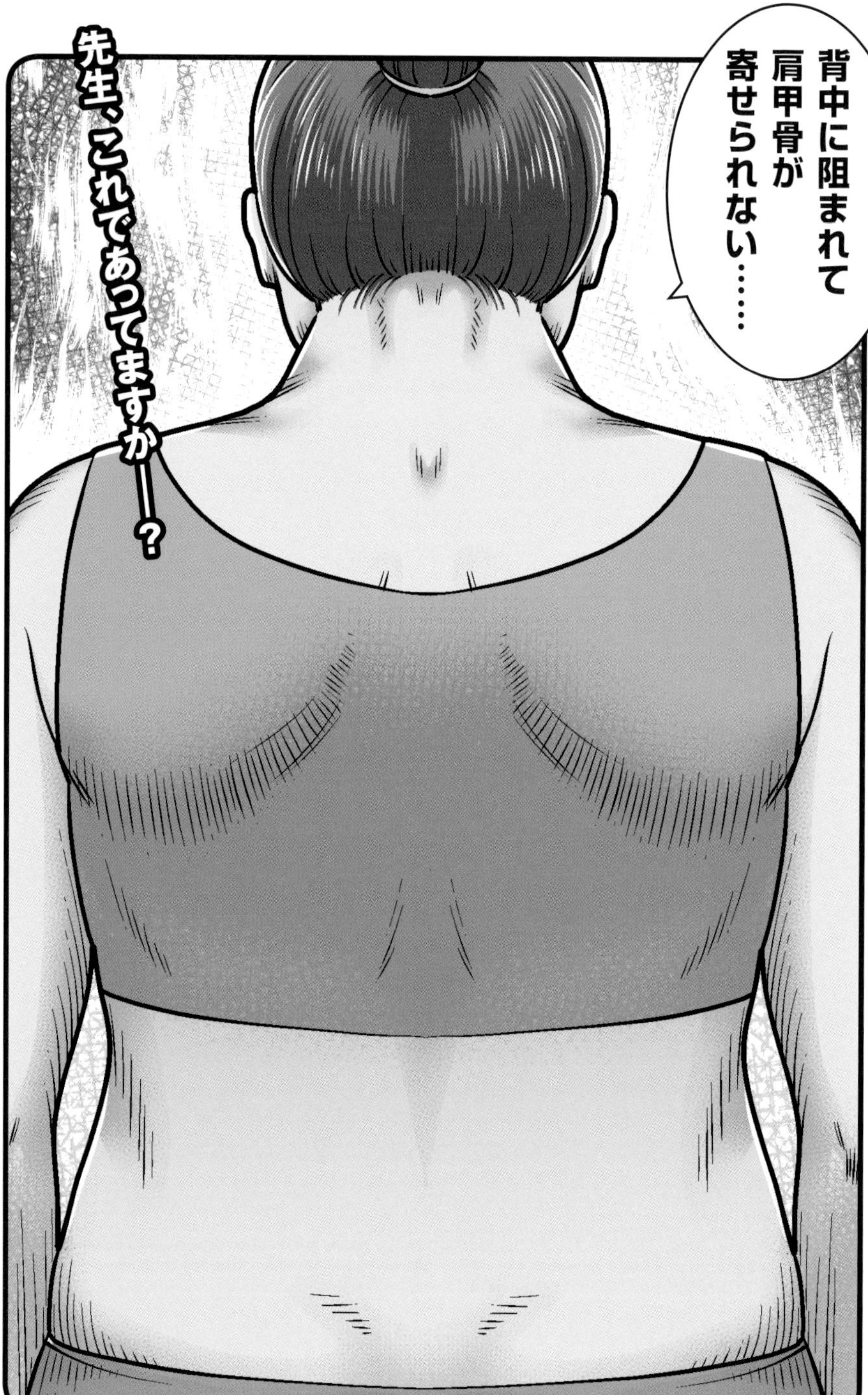
背中に阻まれて
肩甲骨が
寄せられない……
先生、これであってますか――？

肩は動かしやすいけど、背中の筋肉は動かしにくい！

背中や二の腕をすっきりさせたいと思い、まず思い浮かぶのはダンベルキックバックやラットプル、ローイングといった二の腕、背中を鍛える筋トレです。

半袖になる夏前は特に背中や二の腕を鍛える人が多いのですが、一生懸命していたら何か様子がおかしい……。背中や二の腕は引き締まった形跡がないのに、肩まわりがいかつくなったという経験をした人は案外少なくないのです。

冒頭のアンケートでも、ラットプルやローイングといったマシンで筋トレをしているのに、「背中に効いているという実感があまりない」という声もありました。

なぜこんなことが起こるのでしょうか。

背中を鍛えるために重要なのは、背骨と肩関節の連動を正しく行うことです。

背中は目で見えないというだけでなく、感覚を伝える神経が少ないというのも、意識がしづらい要因ではないかと思います。

日常で背中の筋肉を使うことはほとんどないので、背中の筋肉は衰えやすく、そして鍛えづらいという特徴があります。しかし、**広背筋をはじめ背中の筋肉が使えるようになると、姿勢がよくなり美しいシルエットになるばかりか、背中の脂肪や脇のはみ出し肉、二の腕などにも影響が出て、脂肪が落ちやすくなるでしょう。**

必ずやるヘタ筋トレ 5

膝立ちツイスター

動画で
CHECK

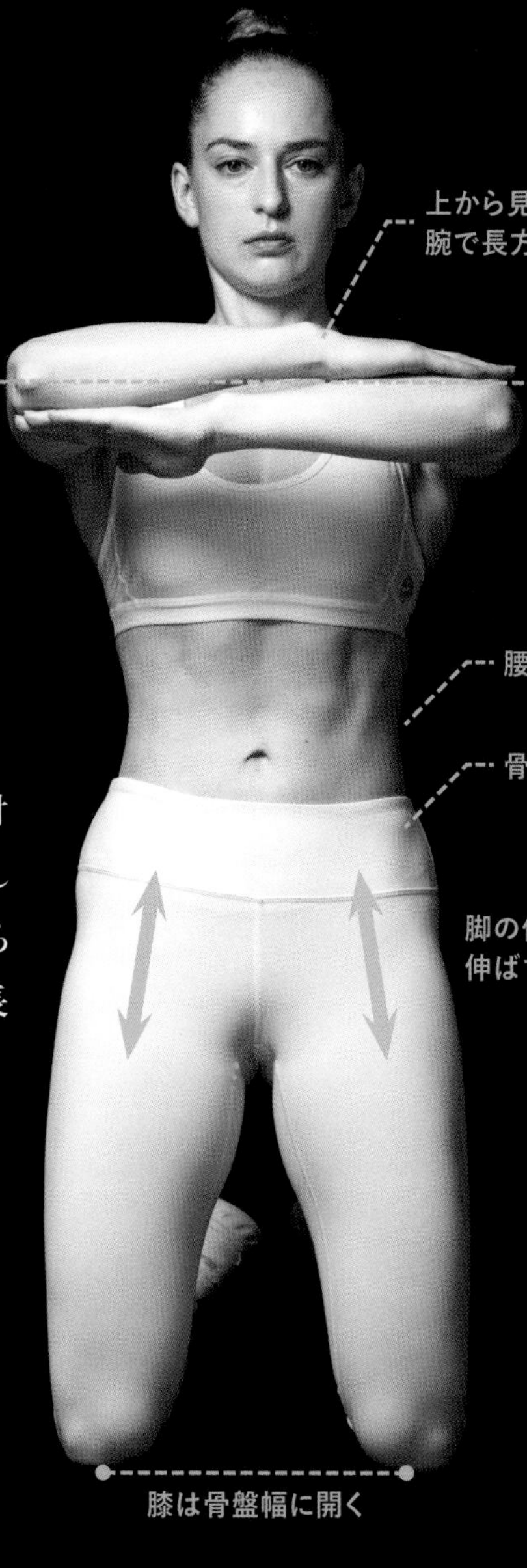
上から見たときに
腕で長方形をつくる
腕と床は平行に
腰は反らない
骨盤を立てる
脚の付け根部分を
伸ばす
膝は骨盤幅に開く

1

床に膝立ちをして、脚の付け根部分を伸ばすようにして骨盤を立てる。手のひらを下に向けて顔の前に長方形をつくる。

肩で動かさない！
広背筋を使ってねじる

アンダーバストは
反対に向けるイメージで
視線は腕と
同じ方向へ向ける
バストより
上部のみひねる
みぞおちは正面を
向いたまま
腰は
ひねらない

2

3秒かけてカラダを右にひねり、2秒キープ。3秒かけて1の姿勢に戻す。右10回、左10回行う。

＼腕の力じゃなく広背筋だけでひねれたら
good!!

カラダを対角線に引っ張って背中に効かせる

よくある間違い

×NG

腕でつくった長方形がつぶれてしまう!

カラダをひねるときに、できるだけ大きくひねろうとして腕の長方形が崩れてしまうと、広背筋への負荷が小さくなります。カラダをひねると同時に、体幹部は反対に引っ張るつもりで力を入れると、しっかりと広背筋にアプローチできます。

長方形を維持して!

視線が奥を向きすぎている
腕が地面と平行でなく落ちてしまっている
長方形が崩れてしまっている
みぞおちが正面を向いていない
腰からひねってしまっている

動画で
CHECK

LEVEL UP

ツイスター

1

仰向けになり膝を90°くらい曲げて脚を上げ、両手を組む。

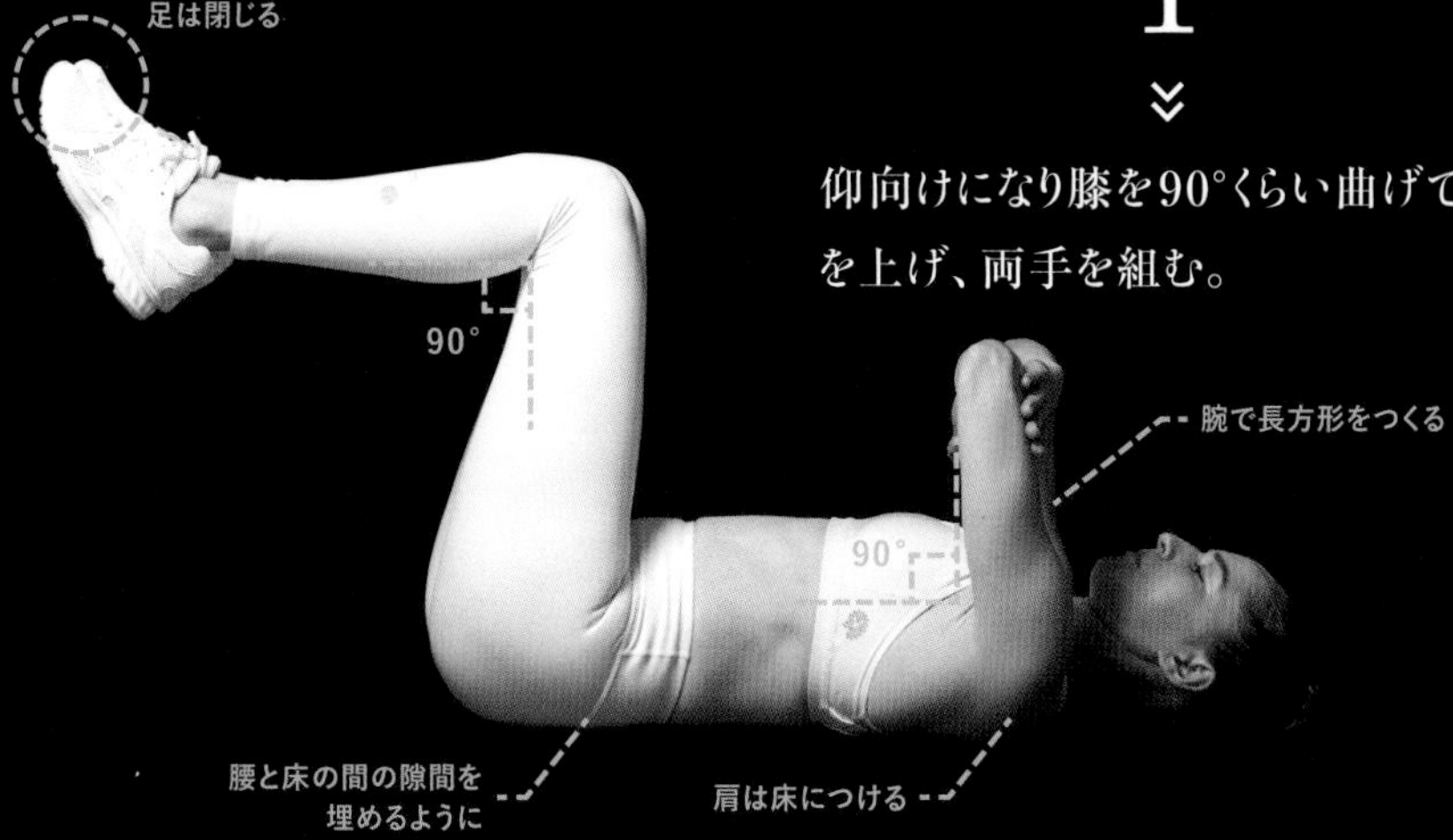
足は閉じる
90°
腕で長方形をつくる
90°
腰と床の間の隙間を
埋めるように
肩は床につける

2

左の肘が床につくように3秒かけてカラダをひねり、脚は骨盤を右に傾けてひねったら2秒キープ。3秒かけて1の姿勢に戻す。左10回、右10回行う。

骨盤から下半身全体を
上体と逆側に倒す
good!!
みぞおちは
天井を向けたまま
ひねりと反対側の
肩は浮いてOK
頭は少し
浮かせてもOK
骨盤が少し浮く程度
肘は真横より斜め下に
肘・肩・背中を床につける

必ずやるヘタ筋トレ 6

背中ローイング

動画でCHECK

1

イスに座り、手のひらは下に向けて、肩を内旋させて腕を前に出す。

手のひらは
下に向ける
腕は地面と平行に
腰は反らない
骨盤は立たせる
足は軽く開く

肩甲骨を寄せることより、
肘を斜め下に引くのがコツ

2

手のひらを上に向けて肩を下げながら3秒かけて肘を引き、3秒キープ。3秒かけて1の姿勢に戻る。5回×2セット。

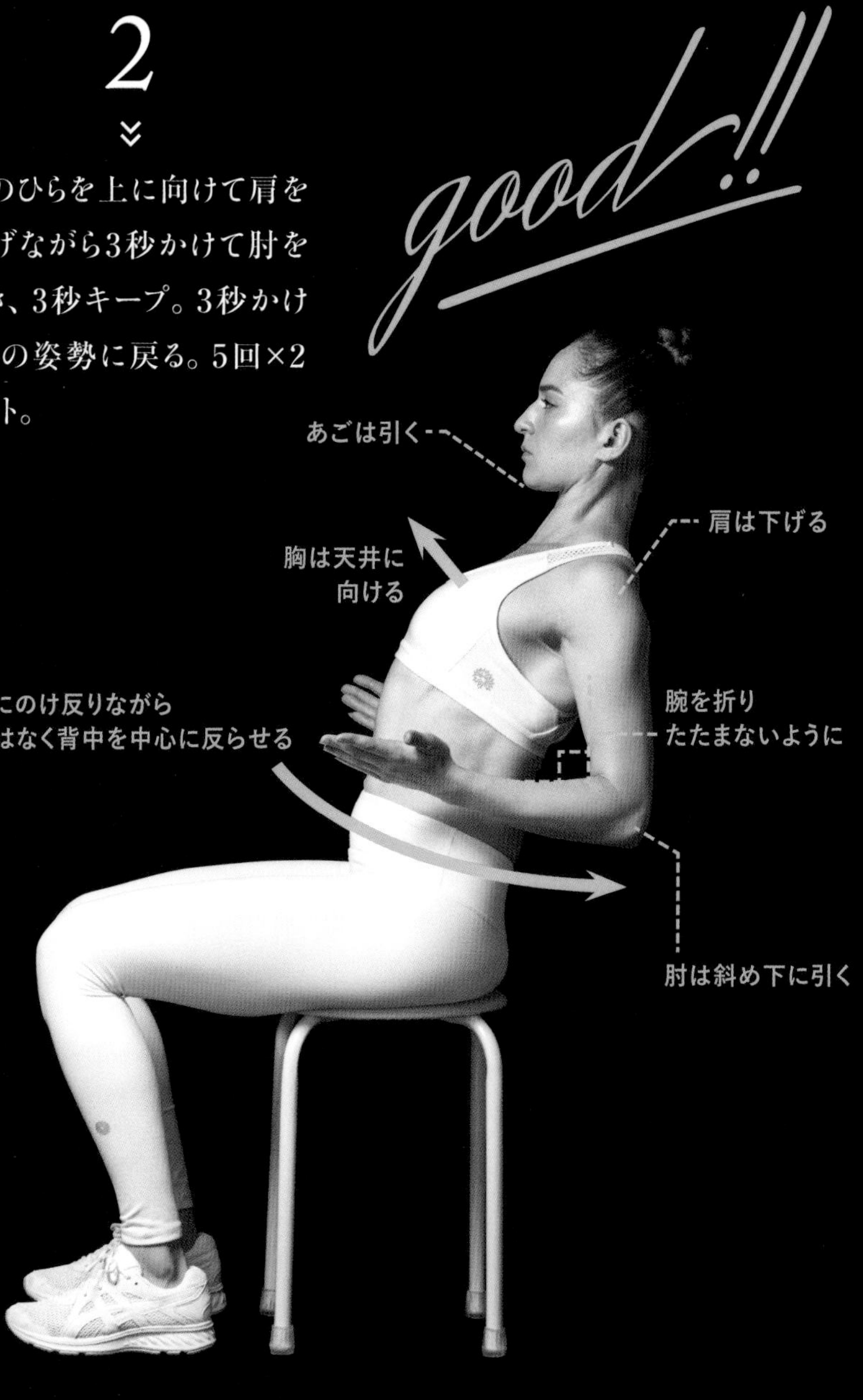
good!!
あごは引く
肩は下げる
胸は天井に
向ける
後ろにのけ反りながら
腰ではなく背中を中心に反らせる
腕を折り
たたまないように
肘は斜め下に引く

肩や腕に効かせない!
背中を収縮させる

よくある間違い
×NG

肩を上げないで!

肩を下げて外旋させないと広背筋が使いにくい

ローイングの目的は、肘を後ろに引くことでわき腹あたりに負荷がかかることです。しかし、肘を引くときに腕を引こうとしたり、無理に肩甲骨を寄せたりしようとすると、肩が上がってしまいます。動きのベースは背中をのけ反って、胸を天井に突き出すようにすること。そこに肩を下げながら肘を引くと背中の筋肉が収縮しやすくなるでしょう。

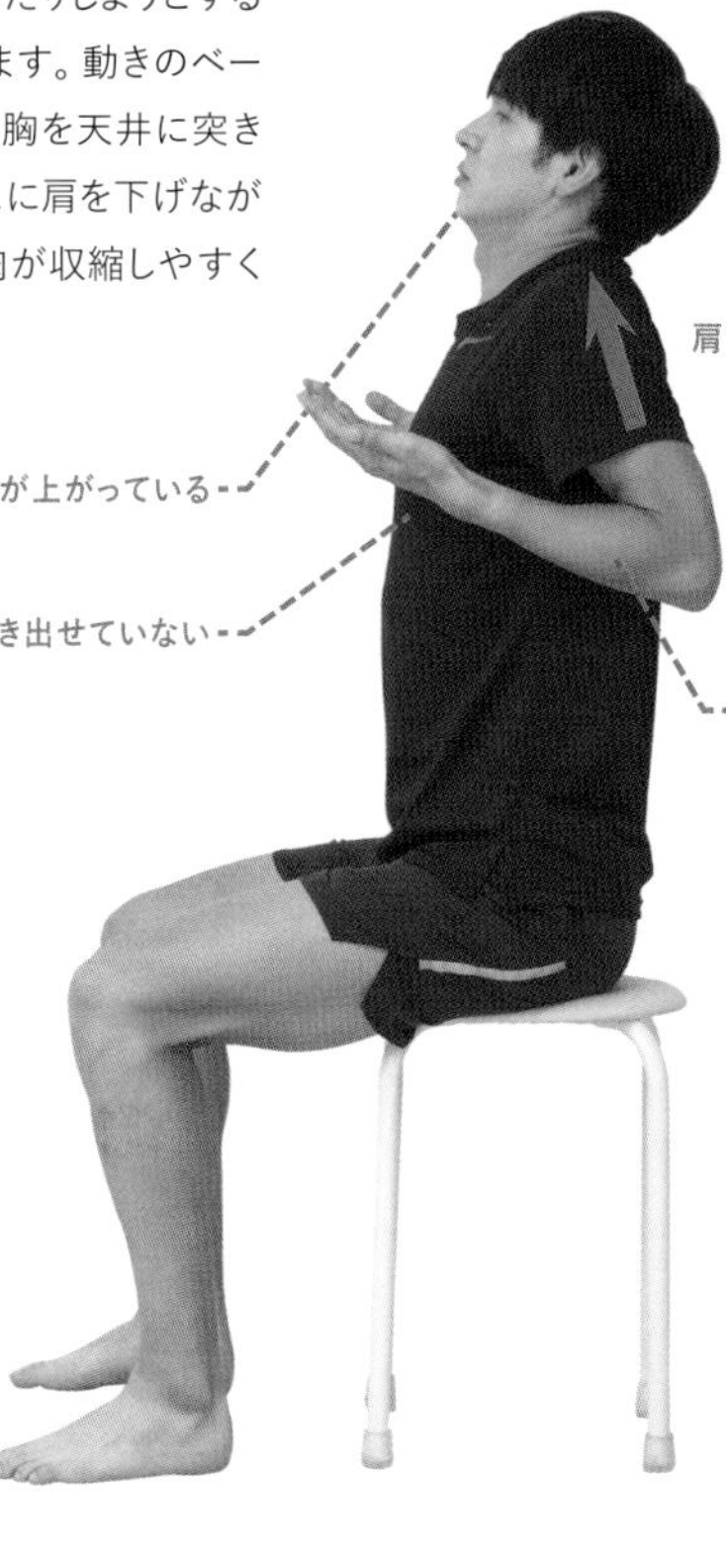

肩が上がっている
あごが上がっている
胸を突き出せていない
腕が折りたたまれてしまっている

LEVEL UP

動画で
CHECK

チューブを使ったローイング

1

長座をして膝を軽く曲げて、チューブを足にひっかける。手のひらを下に向けて肩関節を内旋させた状態でチューブを持つ。

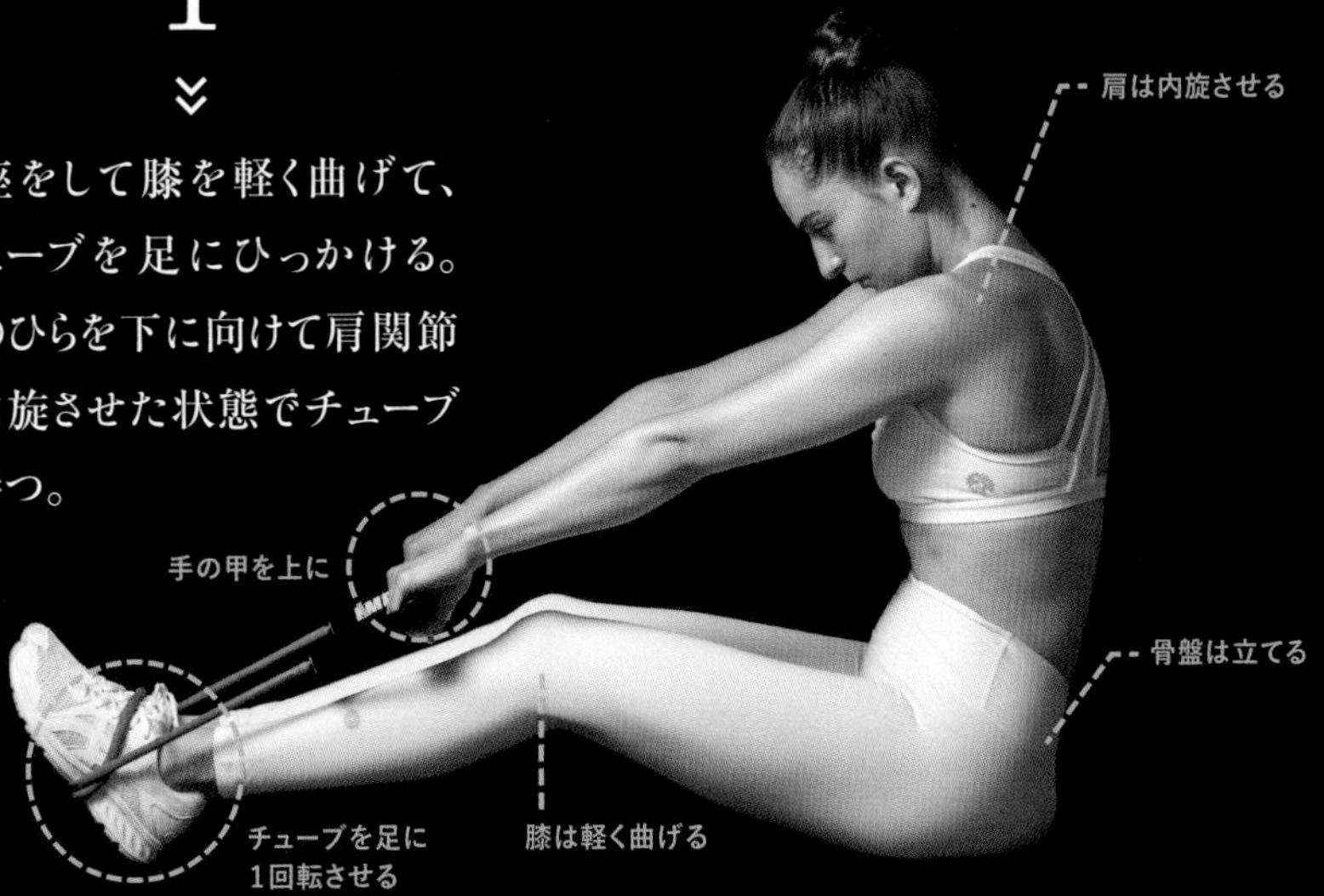

肩は内旋させる
手の甲を上に
骨盤は立てる
チューブを足に
1回転させる
膝は軽く曲げる

2

肩を下げ、手のひらを上に向けながら肩を外旋、3秒かけながら肘を後ろに引いて3秒キープ。3秒かけて1の姿勢に戻る。5回×2セット。

good!!
あごは引く
胸を前に出す
肩は外旋
させながら
下げる
手のひらを上に
無理に肩甲骨を
寄せようとせず
後ろにのけ反る
肘はまっすぐ
後ろに引く
膝の角度は変えない

必ずやるヘタ筋トレ 7

ラットプル

動画でCHECK

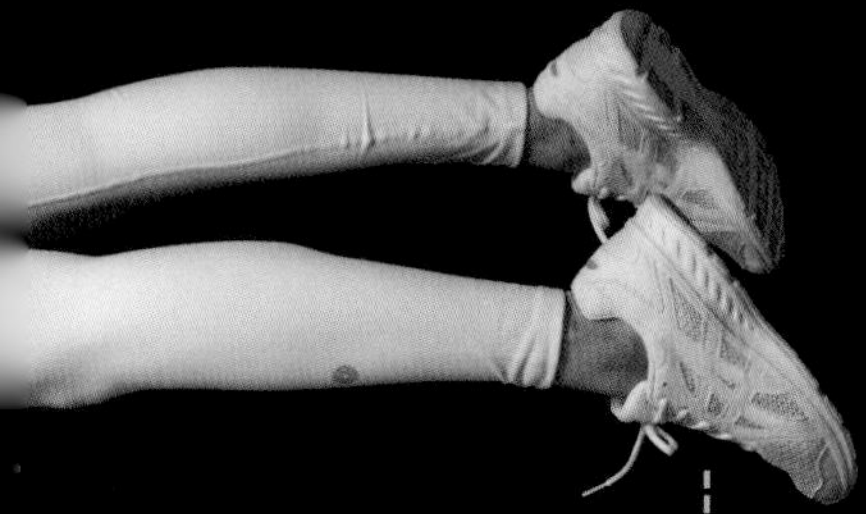

1

うつぶせになり、手を上げてバンザイの姿勢から始める。

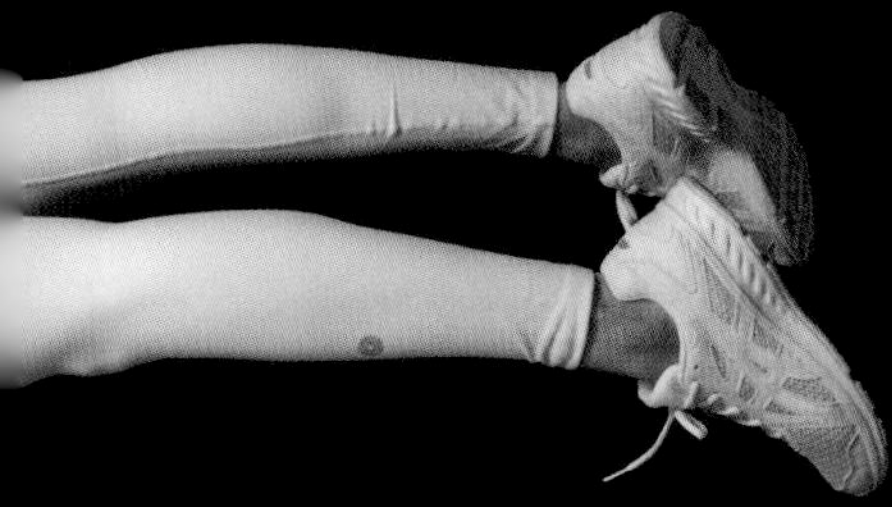

2

上体を少し上げて手のひらを内側に向けて肩を内旋させる。

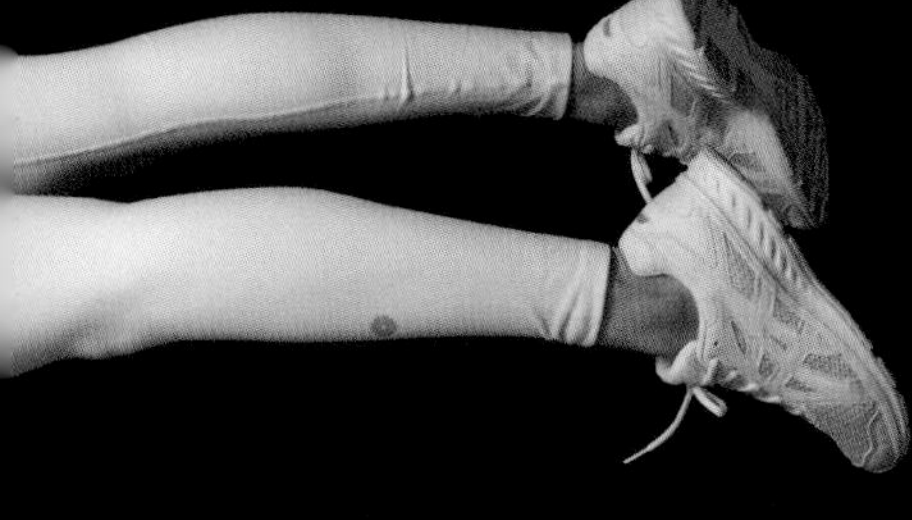

3

肘をカラダに近づけるようにして3秒かけて引き、広背筋を収縮させて1秒キープ。3秒かけて1の姿勢に戻る。10回行う。

背中の肉を寄せるのではなく
下に集めるイメージで

みぞおちから上を
持ち上げるように
手のひらを少し
内側に向ける
腰は反らない
腕が肩より下に落ちないように
肩関節は内旋させる
腰を反りすぎないようにお尻に
力を入れて恥骨を地面に押し付ける

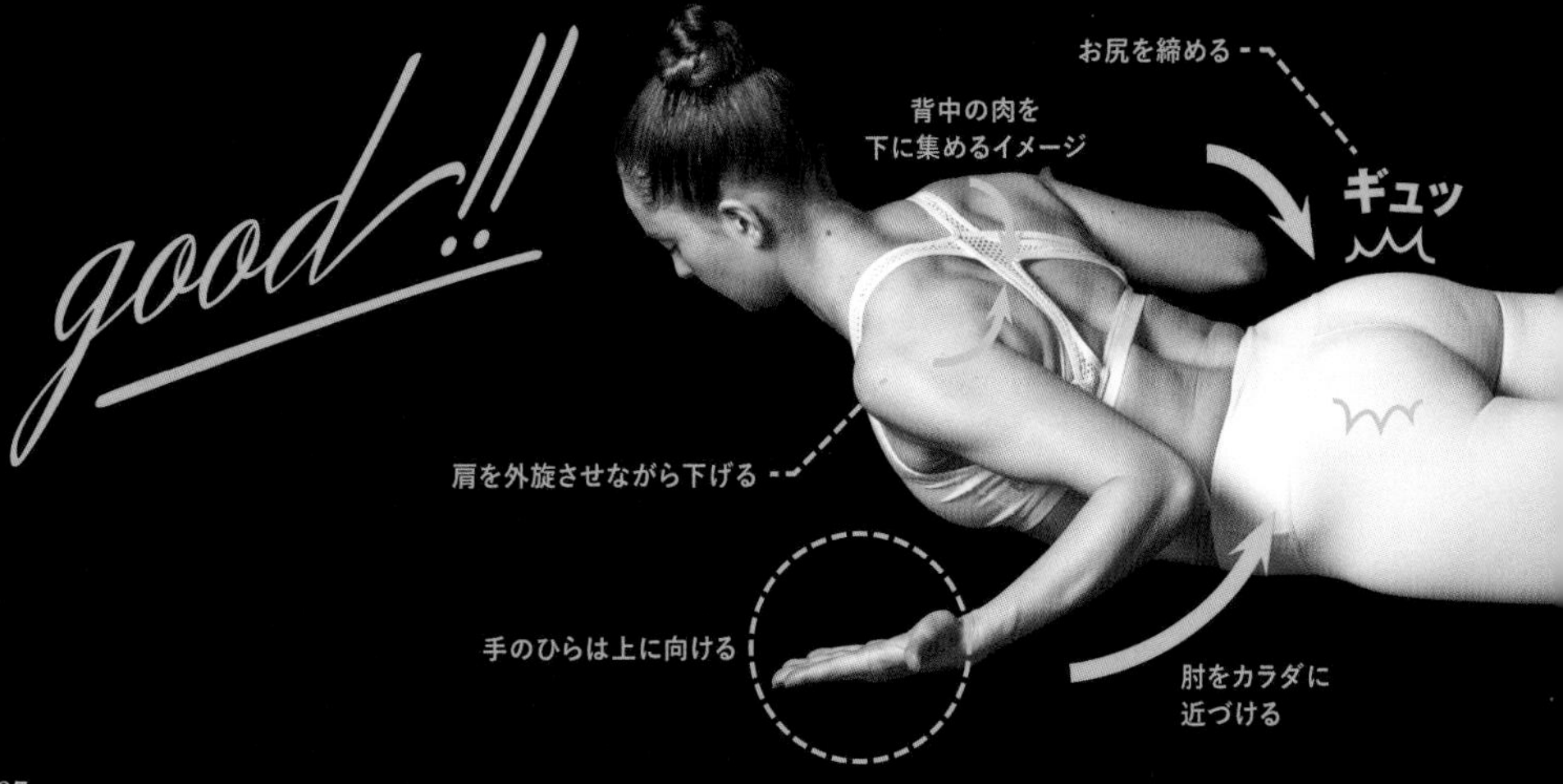

good!!
お尻を締める
背中の肉を
下に集めるイメージ
ギュッ
肩を外旋させながら下げる
手のひらは上に向ける
肘をカラダに
近づける

よくある間違い

×NG

肩を上げないで！

肩甲骨が上がってしまうと広背筋に効かない！

ラットプルは、脇のあたりから腰にかけての広背筋を刺激する筋トレです。しかし肘を引く際に、肩を上げて肩甲骨が上がってしまうと、広背筋にアプローチできず、肩の上げ下ろしをするだけになってしまい、何の意味もありません。また肩を外旋しながらしっかり下げることで広背筋にアプローチしやすくなります。

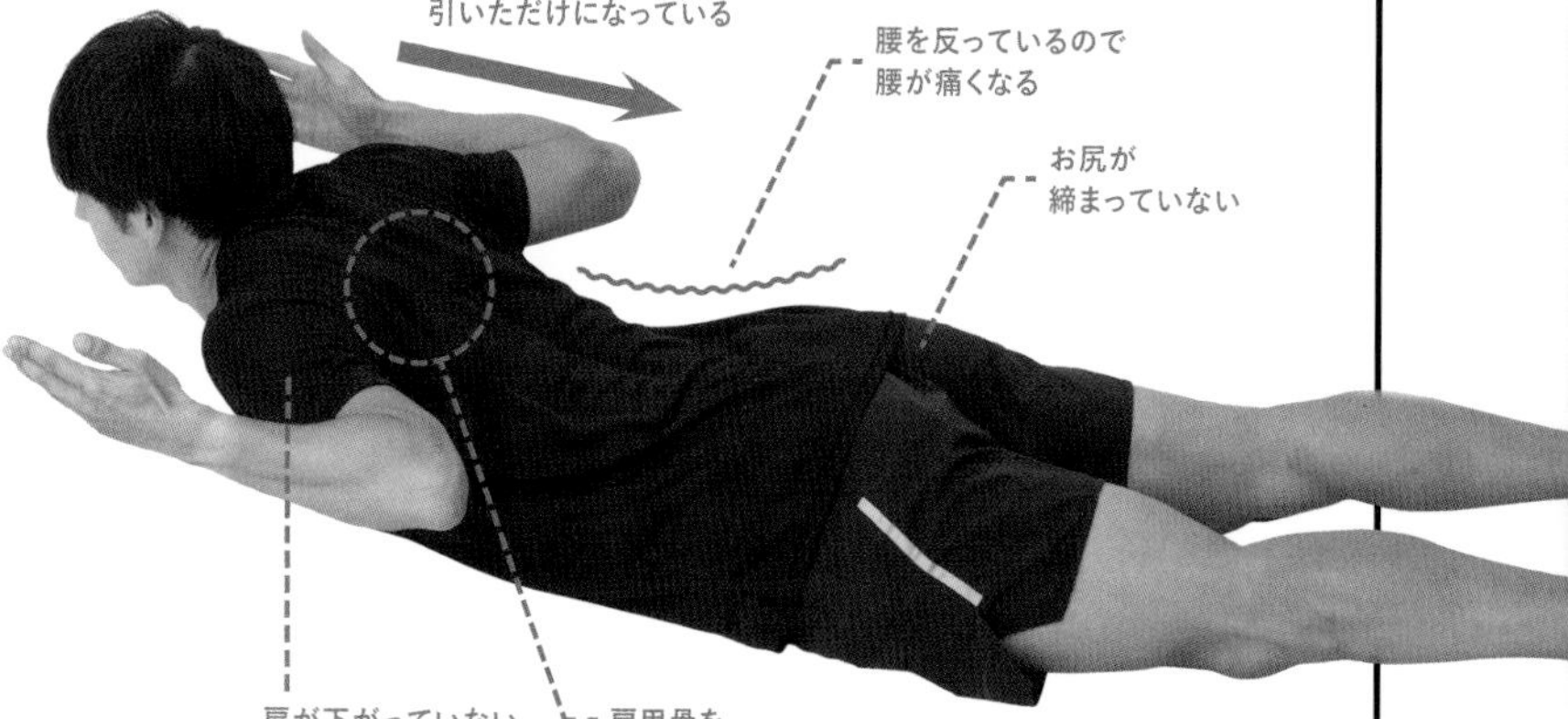
肘を真後ろに
引いただけになっている
腰を反っているので
腰が痛くなる
お尻が
締まっていない
肩が下がっていない
肩甲骨を
寄せようとしすぎている

ほぐすと筋トレがスムーズに

ほぐしローラーを使ってTVを見ながらほぐす習慣をつけましょう!

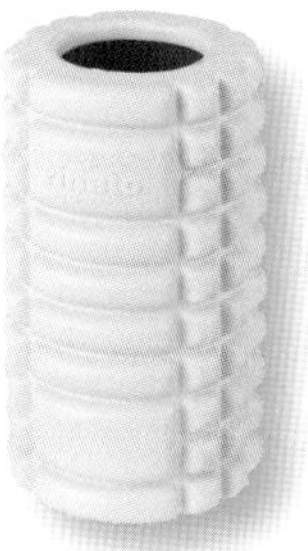

小社刊

ヘタ筋トレをひと通りしてみたものの、どうしてもポイントをクリアできない筋トレはありませんでしたか？　それはもしかしたら普段の動作のクセによって筋肉が使いづらくなっているのが原因かも。そんなときは緊張している筋肉の〝ほぐし〟をしましょう。ほぐすことで、動かしやすくなったり可動域が広がります。

お尻の筋トレなら、膝のねじれがあると、膝が内側に入ってしまうことがあるので膝のねじれを正す必要があるし、ヒップリフトのとき、前ももばかり使ってしまう人は、前もものほぐしが必要です。

お腹の筋トレでは、膝立ちオブリークやオブリークツイストで背中を丸める動きができない人は、普段姿勢が悪くて背骨の動きがスムーズにいかないので、背中をほぐしましょう。

背中では、どの筋トレも丸まった背中、内巻きになった肩を正しい位置に直すために、肩や腕を外旋させる動きと、縮まって固くなった胸の筋肉をほぐすことが重要です。

ほぐし一覧

お尻編

こんな人はこれをやろう

スクワットで膝が内側に入ってしまう人 …… 1

ヒップリフトで前ももに効いてしまう人 …… 2

1

右足を一歩前に出し、つま先を30°、内側に向ける。膝を曲げて膝頭がつま先から小指側に向くように膝を内から外へ5回、前へ体重をかけながら膝を5回曲げる。

動画でCHECK

2

イスに手を添えて立ち、左手で左足の甲を持ち、少し腰を丸めて腹筋を縮めながら太ももの前を60秒伸ばす。反対の脚も同様に。

動画でCHECK

3

長座をして両膝を軽く曲げ、左足の外側を右手でつかむ。左脚を膝の高さまで上げて、膝を伸ばしながら外側に脚を開き、背中を丸めて息を吐きながら30秒キープ。反対も同様に。

動画でCHECK

お腹・背中編

こんな人はこれをやろう

膝立ちオブリーク、オブリークツイストで背中が丸められない人	…… 3
ラットプル、背中ローイングで胸を張って反ることができない人	…… 4,5
ラットプル、背中ローイングで肩が上がって広背筋が収縮できない人	…… 5,6

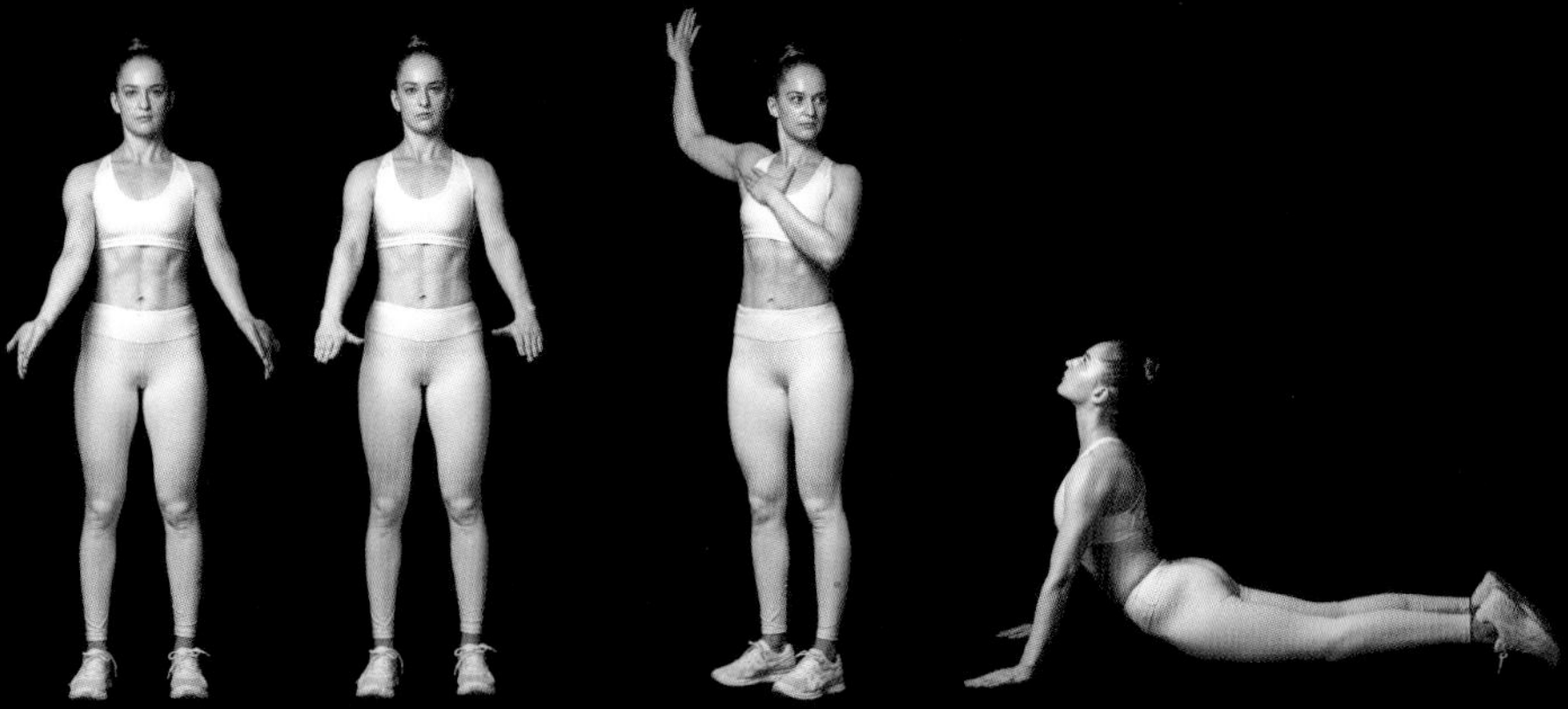

6

軽く足を開いて立ち、手のひらは外側、親指は下に向けて腕を前に出す。息を吸い、吐きながら親指を外側に向けて、肘、肩を外旋させて2秒キープ。

5

壁の横に立ち、右手を壁につけ左手は右の胸の上に置く。息を吸って吐きながら左側に少しカラダをひねって30秒キープ。反対も同様に。

4

うつ伏せになり、手のひらは頭の横に置き、床を手で押しながらカラダを起こす。腰ではなく背中を反らせるようにお尻に力を入れて恥骨を地面に押し付ける。息を吐きながら5秒キープ。5セット行う。

動画でCHECK

動画でCHECK

動画でCHECK

宅トレ女子の素朴な疑問を解決！

ヘタ筋トレQ&A

筋肉痛になるくらいまで筋トレは追い込んだほうがいいですか？

筋肉痛になるまで追い込まなくてもヘタ筋トレで十分効果は出ます

筋トレというとキツい＝効果が高いと思われがちですが、そんなことは全くありません。何度も言うようですが、関節の動きを観察しながら、動きはゆっくりでもいいので正確に行うことのほうがキツいことより大切です。本書では何秒で腰を落とす、カラダを起こすなどと書いていますが、あくまでも目安です。正しく関節を使って骨盤の傾きなどをコントロールできていれば秒数は気にしなくても大丈夫です。負荷は少なくても正しく行えば筋肉痛にはなりませんが、きれいなボディラインがつくれます。

筋トレをやりすぎると筋肉質な体型になりませんか？

理論上はなりにくいはずですが、やり方を間違えるとそう見える恐れがあります

女性は、筋肉の発達に影響する男性ホルモンが男性の10分の1しか分泌されていません。そのため理論上だと筋肉質になるのはとても大変なことだといわれるのが一般的です。しかし「ムキムキ」という価値観は人によって違うため、少し肩や腕や太ももが張った感じがするだけでも、筋肉がつきすぎてしまった？　と思われる方も少なくありません。また、間違ったフォームで筋トレを行うと肩、腕、ももに負荷が集中し、筋肉が多少ついただけでも、なんだかたくましく見えてしまうということはよくあります。ですから、筋肉質な見た目を避けるためには、やはりフォームを意識することが最重要です。

一通りヘタ筋トレができるようになっても続けたほうがいいですか？

回数を増やすなどして続けてください！

一通りできるようになるにはじっくり自分の動きを観察し、カラダを使い方のクセを正してヘタ筋トレを行わなければいけないので、時間がかかると心得てください！　そして慣れてくると動きが雑になったり、今までの自分のカラダの使い方のクセが出てしまったりします。こうならない段階まできたらヘタ筋トレを習得したレベルです。そして同じ負荷で続けているとカラダは慣れてしまい筋肉に刺激が入りませんので、回数を増やす、レベルアップの種目を中心に行うなど負荷を高めて続けてください。

どれくらい続けるとボディラインに変化が出ますか？

正しくヘタ筋トレができていれば1カ月で変化は出ます

ヘタ筋トレを正しくできると、日常の動作での関節の使い方や負荷がかかる筋肉の場所が変わってきます。たとえば正しくスクワットができれば、歩いたり階段を昇ったりするときに、前ももの負担が減り、お尻へ負荷がかかる動作ができるようになって前ものハリが目立たなくなります。つまり筋トレ以外の日常生活の動作も変わるので、それを積み重ねれば1カ月で変化は出るでしょう。前ももがパツパツで変にシワが入ってしまったパンツでも、その部分が緩くなったりします。

おわりに

パーソナルトレーナーというと、ヤセるためのダイエットアドバイザーだと思っている人が多いのかもしれません。しかし、一口にパーソナルトレーナーといっても、スポーツ能力向上を得意とする人から、怪我や不調の機能改善を得意とする人まで、さまざまな人が存在します。

私はダイエットを得意としていると思われがちですが、実はフィットネスクラブにいたときはご年配の方々の機能改善の指導が大半でした。多くの方をみていくうちに、多少の違いはあれど若い人たちもやるべきことは全く同じだと気づきました。年齢を重ねて膝や腰、肩などを痛める原因は、ただの筋力不足だけでなく、実は若いときからの使い方のクセもあるということです。皮肉にも若いときの「脚が太い」とか、「お腹が気になる」とか、「二の腕が細くならない」などの改善方法は、ご年配のそれとほぼ同じだったのです。これに気づいてから、本当に多くの女性のスタイル改善ができるようになりました。

また、トレーニングではキツく追い込む必要があると思われがちです。しかし、一般の人たちは理想として「単に今よりヤセたい」「ラクに動けるカラダになりたい」「服をオシャレに着こなせるようになりたい」と思っていることが多く、好きでない限り追い込んだトレーニングは必要ない人がほとんどです。ましてや、今よりヤセるどころかゴツくなってしまって、パンツが入らなくなったり、服が筋肉で似合わなくなってしまったり、筋肉痛でカラダが辛いとなっては元も子もありません。

普通の快適なカラダになりたいだけなのに、お腹がバキバキに割れている、正にフィットネスの象徴のようなカラダを目指すことへ振り切ったトレーニングを当たり前のように課されて、筋トレとはこういうものだという印象を持っている人も少なくありません。

今回紹介した『ヘタ筋トレ』は、あくまで基礎的なカラダの機能を生かすトレーニングです。普段私が指導しているボディワークと称するトレーニングは、このストレッチと筋トレの間のようなものがほとんどで、カラダをコントロールして動きをつくっていくことを重視しています。整体やピラティスなどの要素を取り入れ、動かし方にフォーカスすることで、カラダがどんどんラクになり、皆さんの理想のカラダをつくる手助けとなるでしょう。

カラダも食事も、自分自身でコントロールすることが大事です。是非、ヘタ筋トレで自分のカラダと向き合うきっかけをつくっていただけたらと思います。

失敗しようがない！
ヘタ筋トレ

著者　森 拓郎

2020年2月10日　初版発行
2020年3月 1 日　 2 版発行

モデル／Ieva W（ACQUA MODELS）
イラスト・漫画／も〜さん
筋肉イラスト／ラウンドフラット
装丁・本文デザイン／木村由香利（Pathmaraja）
撮影／SHIN ISHIKAWA
ムービー／ノンキビーム
スタイリスト／明石幸子
ヘアメイク／胡桃澤和久、猪狩友介
（Three PEACE）
構成／峯澤美絵
校正／深澤晴彦
編集／野秋真紀子、岡田直子
（ヴュー企画）
編集統括／吉本光里（ワニブックス）

衣装クレジット
イージーヨガ ジャパン
03-3461-6355

発行者　横内正昭
編集人　青柳有紀

発行所　株式会社ワニブックス
〒150-8482 東京都渋谷区恵比寿4-4-9　えびす大黒ビル
電話 03-5449-2711（代表）
03-5449-2716（編集部）
ワニブックスHP http://www.wani.co.jp/
WANI BOOKOUT http://www.wanibookout.com/

印刷所　凸版印刷株式会社
製本所　ナショナル製本

本書で紹介した方法を実行した場合の効果には個人差があります。また、持病をお持ちの方、現在通院をされている方は、事前に主治医と相談の上、実行してください。

ISBN 978-4-8470-9873-4